全国中等职业学校会计专业教材

税收实务（第2版）习题册

范华　主编

中国劳动社会保障出版社

简　介

本习题册与全国中等职业学校会计专业教材《税收实务（第二版）》配套使用。习题册按教材章节顺序编写，题型包括填空题、不定项选择题、判断题、简答题、计算题、综合题，供学生课后练习使用。

本习题册配有参考答案，可通过职业教育教学资源和数字学习中心（http://zyjy.class.com.cn）免费下载。

本习题册由范华主编，范荣志参与编写。

图书在版编目（CIP）数据

税收实务（第二版）习题册 / 范华主编. -- 北京：中国劳动社会保障出版社，2019
全国中等职业学校会计专业教材
ISBN 978-7-5167-3745-3

Ⅰ. ①税… Ⅱ. ①范… Ⅲ. ①税收管理－中国－中等专业学校－习题集
Ⅳ. ① F812.423-44

中国版本图书馆 CIP 数据核字（2019）第 053824 号

中国劳动社会保障出版社出版发行
（北京市惠新东街 1 号　邮政编码：100029）

*

三河市潮河印业有限公司印刷装订　新华书店经销

787 毫米 × 1092 毫米　16 开本　6.25 印张　147 千字
2019 年 4 月第 1 版　2025 年 12 月第 7 次印刷
定价：11.00 元

营销中心电话：400-606-6496
出版社网址：http://www.class.com.cn
http://jg.class.com.cn

目　录

第一章　税收基本概念

一、填空题

1．税收具有强制性、＿＿＿＿＿＿和＿＿＿＿＿＿的基本特征。

2．税收是国家取得的财政收入，其征收形式是＿＿＿＿＿和＿＿＿＿＿。

3．税收主要有＿＿＿＿＿＿＿＿＿＿＿＿＿、＿＿＿＿＿＿和监督管理三个职能。

4．＿＿＿＿＿＿＿＿＿＿＿是税收产生和存在的必要条件。

5．税收制度的三个基本构成因素是＿＿＿＿＿、课税对象和＿＿＿＿＿。

6．＿＿＿＿＿＿是税制构成的核心要素。

7．税目一般分为＿＿＿＿＿税目和＿＿＿＿＿税目两种。

8．＿＿＿＿＿＿是指税务机关根据税法规定，对纳税人的生产、经营活动进行登记管理的一项法定制度，也是纳税人依法履行纳税义务的法定手续。

9．纳税申报方法包括＿＿＿＿＿＿、＿＿＿＿＿＿和电子申报三种。

10．根据税种的不同性质、特点，征纳双方的具体条件以及税收征管要求，现阶段与之相适应的税款征收方式主要有：＿＿＿＿＿＿、＿＿＿＿＿＿、＿＿＿＿＿＿、定期定额征收、定率征收、自核自缴、代扣代缴、代收代缴、委托征收等。

二、不定项选择题（将正确答案前面的字母填入括号内）

1．税收是国家凭借政治权力参与国民收入分配和再分配而形成的一种特定分配关系，其内涵包含的要点有（　　）。

A．税收的主体　　B．税收的目的

C．税收的征收形式　　D．税收的本质

2．税收与其他财政收入形式相比较，具有（　　）的基本特征。

A．强制性　　B．无偿性

C．固定性　　D．集中性

3．纳税人的权利建立在其纳税义务的基础之上，处于从属地位，所以税法具有义务性法规的特点，这一特点是由税收的（　　）特点所决定的。

A．强制性、固定性　　B．无偿性、固定性

C．无偿性、强制性　　D．权利、义务对等

4．在经济交往中有义务向纳税人收取应纳税款并代为缴纳税款的单位是（　　）。

A．负税人　　B．代收代缴义务人

C．代扣代缴义务人　　D．代征代缴义务人

5．在税法的构成要素中，区分不同税种主要标志的要素是（　　）。

A．税率　　B．税目

C．税基　　D．征税对象

6．下列关于税收法律表述中，不正确的是（　　）。

A．税法是依据《宪法》的原则制定

B. 税收与法密不可分，有税必有法，无法不成税

C. 违反了税法，不一定就是犯罪

D. 税法具有经济分配的性质，经济利益实现纳税人与国家相互方面转移

7. 下列关于税法要素的表述中，不正确的有（　　）。

A. 并非所有税种都需要规定税目　　B. 税目是对课税对象的量的规定

C. 税目体现征税的深度　　D. 消费税、企业所得税都规定有不同的税目

8. 税收的职能是税收本质的具体体现，其主要职能有（　　）。

A. 组织财政收入　　B. 调节国民经济

C. 反映和制约经济活动　　D. 监督管理

9. 根据征税对象划分，税种可分为（　　）。

A. 流转税　　B. 所得税　　C. 资源税

D. 财产税　　E. 行为税

10. 税制应当具备的必要因素和内容称为税制的构成要素，其基本因素有（　　）。

A. 纳税人　　B. 课税对象　　C. 课税依据

D. 税目　　E. 税率

11. 税率是应纳税额与课税对象数额之间的关系或比例，是计算应纳税额的尺度。我国现行的税率有（　　）。

A. 比例税率　　B. 累进税率

C. 定额税率　　D. 零税率

12. 比例税率是指对同一征税对象，不分数额大小，规定相同的征收比例，其在适用中又可以划分的具体形式有（　　）。

A. 单一比例税率　　B. 差别比例税率

C. 幅度比例税率　　D. 双重比例税率

13. 某税种征税对象为应税收入，采用超额累进税率，应税收入 800 元以下的，适用税率为 5%；应税收入 800 ~ 2 000 元的，适用税率为 10%；应税收入 2 000 ~ 5 000 元的，适用税率为 20%。某纳税人应税收入为 4 800 元，则应纳税额为（　　）元。

A. 760　　B. 320

C. 720　　D. 960

14. 速算扣除数的作用主要是（　　）。

A. 确定应纳税额的基础　　B. 减缓税率累进的速度

C. 使计算准确　　D. 简化计算

15. 征税对象又称为（　　）。

A. 征税客体　　B. 具体征税项目

C. 课税对象　　D. 税目

16. 税务登记是指税务机关根据税法规定，对纳税人的生产、经营活动进行登记管理的一项法定制度。税务登记的类型包括（　　）。

A. 开业税务登记　　B. 变更税务登记

C. 注销税务登记　　D. 停业复业税务登记

17. 纳税申报是指纳税人在发生法定纳税义务后，按照税务行政法规所规定的内容，

在申报期限内，以书面形式向主管税务机关提交有关纳税事项及应缴税款的法律行为。目前纳税申报方式主要有（　　）。

A．直接申报　　B．邮寄申报　　C．网络申报

D．专用报税机申报　　E．委托申报

18．税款征收是税务机关依照税收法律、行政法规的规定，将纳税义务人依法应缴纳的工商各税组织征收入库的一系列活动的总称。税款征收方式有（　　）。

A．查账征收　　B．查定征收　　C．查验征收

D．定期定额征收　　E．委托征收

19．税收减免是对某些纳税人和纳税对象给予鼓励和照顾的一种特殊规定，减税是对应纳税额少征一部分税款，免税是对应纳税额全部免征。税收减免类型有（　　）。

A．法定减免　　B．特定减免

C．临时减免　　D．经营性亏损减免

20．税收构成要素中的违章处理是对纳税人违反税法行为而采取的处罚措施。具体措施有（　　）。

A．加收滞纳金　　B．处理并罚款

C．送交法院依法处理　　D．税务机关扣押违章纳税人

三、判断题

1．税收是国家为了实现其职能，按照法定标准，无偿取得财政收入的一种手段，是国家凭借政治权力参与国民收入分配和再分配而形成的一种特定分配关系。国家就是税收的主体。（　　）

2．税收是国家取得财政收入的手段，也是财政收入的基本形式，因此，取得财政收入就是税收的本质。（　　）

3．税收的无偿性是指国家征税后，税款即为国家所有，不再归还给纳税人，也不向纳税人支付任何代价或报酬。也就是说，依法纳税是每个纳税人应尽的义务，纳税人必须按照税法的规定，履行纳税义务，不得要求任何回报或补偿，也不得附带任何条件或要求。（　　）

4．国家向纳税人征税，客观上反映出纳税人的生产经营和收入状况，并相应地反映出国民经济的发展态势。而税收的征收管理，又能制约纳税人的生产经营活动，保证各项税收政策的贯彻执行。税收的这种反映和制约，称为税收的调节经济职能。（　　）

5．开征资源税的目的：一是为了取得资源消耗的补偿基金，保护国有资源的合理开发利用；二是为了调节资源级差收入，以利于企业在平等的基础上开展竞争。（　　）

6．财产税是以纳税人所拥有或属其支配的财产数量或价值额为征税对象征收的税。纳税人所拥有或属其支配的财产，具体包括房屋、汽车、生产设备和原辅材料等。（　　）

7．从价税是以征税对象的价格为依据而计算征收的税种。从量税是以征税对象的重量、件数、容积或面积等为依据而计算征收的税种。（　　）

8．从宏观上看，累进税率可以在一定程度上调节经济的波动，具有稳定经济的功能，但其计算较为复杂。（　　）

9．计税依据是征税对象的数量化，体现所征对象量的规定性，是应纳税额计算的基础。（　　）

10．零税率是税率为零的税率，其实质是一种免税形式。（　　）

11. 实际税率是指实际负担率，即纳税人在一定时期内实际缴纳税额占其征税对象实际数额的比例。 (　　)

12. 税收原则是评价税收政策好坏、鉴别税制优劣的准绳，是提高税收征管质量的手段。 (　　)

13. 纳税期限与报缴税款期限的含义有时是相同的。 (　　)

14. 税收负担率，即纳税人的应纳税额与其计税依据价值的比率。它反映了国家和纳税人对社会资源和财富的分配关系。 (　　)

15. 条件相同者缴纳相同的税，这被称为税收的横向公平。 (　　)

16. 任何法人和自然人，只要有经营行为都必须先行进行税务登记。 (　　)

四、简答题

1. 简述税收的含义。

2. “所谓税赋就是国家不付任何报酬而向居民取得税金”这句话体现了税收什么特性？请具体说明这种特性。

3. 税制的构成要素包括哪些？请分别说明其基本因素。

4. 税收减免形式中的起征点和免征额有什么区别?

5. 什么叫纳税申报? 纳税申报的主要内容是什么?

6. 简述税务登记的概念。

第二章　增　值　税

一、填空题

1. 从计税原理上说，增值税是对商品生产和流通中各环节的________或________进行征税，因此称之为“增值税”。

2. 增值税征税范围包括：____________________、____________________、销售服务和____________________。

3. 增值税的基本税率为__________。

4. 购进免税农产品进行进项税额抵扣时，其抵扣率为__________。

5. 增值税应纳税额的计算方法有两种，即__________和__________。

6. __________是指纳税人购进货物、加工修理修配劳务、服务、无形资产或者不动产，支付或者负担的增值税额。

7. 增值税专用发票、海关进口增值税专用缴款书、农产品收购发票、农产品销售发票和税收缴款凭证均属于________________。

8. 采取还本销售方式销售货物的，其销售额就是货物的销售价格，不得从销售额中减除__________。

9. 简易计税方法是指按照销售额和增值税征收率计算缴纳增值税，且不得抵扣________________________。

10. 小规模纳税人无论是销售税率为16%的货物或是销售税率为10%的货物，均应按____________征收增值税。

11. 旧货是指进入二次流通的具有部分使用价值的货物，含旧汽车、旧摩托车和旧游艇，但不包括____________________。

12. 小规模纳税人销售货物或提供应税劳务，实行按__________计算应纳增值税额，不得抵扣进项税额。

13. 纳税人进口货物，按照组成计税价格和相应的税率或征收率计算应纳增值税，不得抵扣________。

14. __________是指有出口经营权的企业自营出口或代理出口的货物（除另有规定者外），可在货物报关出口并在财务上做销售后，凭有关凭证按月报请税务机关批准退还或免征增值税或消费税。

15. 有进出口经营权的生产企业自营出口或委托代理出口的自产货物，实行________税办法。

16. 当生产企业自营出口或委托外贸企业代理出口的自产货物占本企业当期全部货物销售额不足______时，未抵扣完的进项税额，不予退税而结转下期继续抵扣。

17. 纳税人提供建筑服务，税率为______，征收率为______。

18. 房地产企业纳税人年应征增值税销售额超过__________的为一般纳税人，未超过规定标准的纳税人为小规模纳税人。

19. 纳税人提供基础电信服务，税率为______；提供增值电信服务，税率为______。

20. 纳税人进口货物，应当自海关填发海关进口增值税专用缴款书之日起________日内缴纳税款。

21．纳税人申报抵扣的增值税专用发票必须自发票开具之日起________日内报送税务机关进行认证，否则不得抵扣进项税额。

22．增值税纳税申报表及其增值税纳税申报表附列资料包括：本期销售情况明细表、____________________、____________________和____________________等。

二、不定项选择题（将正确答案前面的字母填入括号内）

1．下列关于小规模纳税人的表述中，说法错误的是（　　）。

A．小规模纳税人的标准由国务院财政、税务主管部门规定

B．小规模纳税人实行简易办法征收增值税，一般不得使用增值税专用发票

C．非企业性单位、不经常发生应税行为的企业，可选择按小规模纳税人纳税

D．年应税销售额超过一般纳税人标准的个体工商户，也只能按照小规模纳税人纳税

2．增值税纳税范围包括（　　）。

A．销售或进口货物　　B．提供加工和修理修配劳务　　C．销售服务

D．销售无形资产　　E．销售不动产

3．根据我国税法的相关规定，增值税征税范围中的销售服务包括提供（　　）。

A．交通运输服务　　B．邮政服务

C．建筑服务　　D．生活服务

4．交通运输服务是指利用运输工具将货物或者旅客送达目的地，使其空间位置得到转移的业务活动，主要包括（　　）运输服务。

A．陆路　　B．水路

C．航空　　D．管道

5．现代服务是指围绕制造业、文化产业、现代物流产业等提供技术性、知识性服务的业务活动，主要包括（　　）。

A．研发和技术服务　　B．信息技术服务

C．鉴证咨询服务　　D．旅游娱乐服务

6．广告服务是指利用图书、报纸、杂志、广播、电视、电影、幻灯、路牌、招贴、橱窗、霓虹灯、灯箱、互联网等各种形式为客户的商品、经营服务项目、文体节目或者通告、声明等委托事项进行宣传和提供相关服务的业务活动，包括（　　）。

A．广告代理　　B．广告发布

C．商品展示　　D．商品促销

7．生活服务是指为满足城乡居民日常生活需求提供的各类服务活动，包括（　　）。

A．文化体育服务　　B．教育医疗服务

C．旅游娱乐服务　　D．餐饮住宿服务

8．根据增值税法相关规定，（　　）视同销售行为，计征增值税。

A．将货物委托其他单位加工　　B．将货物交付其他单位代销

C．销售代销货物　　D．将产品用于职工奖励

9．根据增值税法相关规定，（　　）项目不征增值税。

A．国家指令无偿提供的铁路运输服务　　B．存款利息

C．小型加工企业提供修配劳务　　D．被保险人获得的保险赔付

10．根据我国税法的相关规定，下述不属于增值税征收范围的有（　　）。

A．行政单位收取的政府性基金

B．单位聘用的员工为本单位提供加工修理修配劳务以及取得工资的服务

C．单位或者个体工商户为聘用的员工提供服务

D．行政单位的行政事业性收费

11．增值税专用发票与增值税普通发票的主要区别为（　　）。

A．使用的主体不同　　B．功能不同

C．开具对象不同　　D．构成不同

12．根据税法的相关规定，下列（　　）情形不得开具增值税专用发票。

A．向消费者个人销售货物　　B．销售货物适用增值税免税规定的

C．将货物用于非应税项目　　D．金融商品转让

13．发票是单位和个人在购销商品、提供或者接受服务以及其他经营活动中，开具或取得的收付款凭证。依据国家有关法律法规规定，我国现行发票的种类有（　　）。

A．过渡性的门票　　B．增值税普通发票

C．增值税专用发票　　D．裁剪发票

14．对纳税人为销售货物而出租、出借包装物收取的押金，其正确的增值税计税方法是（　　）。

A．单独记账核算的，一律不并入销售额征税，对逾期收取的包装物押金，均并入销售额征税

B．酒类包装物押金，一律并入销售额计税，其他货物押金，单独记账核算的，不并入销售额征税

C．包装物押金无论如何进行会计核算，均应并入销售额计算缴纳增值税

D．对销售除啤酒、黄酒外的其他酒类产品收取的包装物押金，均应并入当期销售额征税

15．融资租赁业务增值税应税销售额为取得的全部价款和价外费用减去（　　）。

A．手续费　　B．佣金

C．支付的借款利息　　D．发行债券利息

16．在税收实务中，增值税的进项税额抵扣形式有（　　）。

A．以票抵扣　　B．计算抵扣

C．固定抵扣　　D．临时抵扣

17．某生产企业为增值税一般纳税人，外购原材料取得增值税发票上注明价款 100 000 元，材料已入库，支付运输企业（一般纳税人）不含税运输费 1 800 元，取得运输企业开具的增值税专用发票。则可以抵扣的进项税额为（　　）元。

A．2 940.25　　B．16 180

C．79 400.35　　D．17 126

18．某商城为增值税一般纳税人，×× 年 10 月采取以旧换新方式销售电冰箱 129 台，该电冰箱市价（不含税）为 2 350 元 / 台，以旧换新价（不含税）为 2 000 元 / 台。该商城当月销项税额为（　　）元。

A．48 504　　B．41 280

C. 51 535.5　　D. 43 860

19. A公司为增值税一般纳税人，××年11月销售B公司货物一批，取得收入500万元（不含税）；另外开具红字发票给购货方折扣25万元，实收货款475万元；当月已认证抵扣48万元。该公司当月应纳增值税额为（　　）万元。

A. 32　　B. 37

C. 32.75　　D. 28

20. A公司为增值税一般纳税人，××年11月销售B公司货物一批，取得收入500万元（不含税）；该公司给购货方的折扣25万元注明在销货发票中，实收货款475万元；当月已认证抵扣48万元。该公司当月应纳增值税额为（　　）万元。

A. 32　　B. 37

C. 32.75　　D. 28

21. 甲工厂为增值税一般纳税人，某月采用还本销售方式销售同一牌号彩电1 000台，每台收取价款0.4万元（不含税），并约定五年后退还给购买者80%的价款。当月该厂增值税销项税额为（　　）万元。

A. 64　　B. 68

C. 12.8　　D. 13.6

22. 北京某广告公司为增值税一般纳税人。××年7月，该公司取得广告制作费800万元（含税），支付给山西某媒体的广告发布费为400万元，所取得的发票为合法有效凭证。当期该广告公司可抵扣的进项税额为15万元，则当月该广告公司需缴纳的增值税额为（　　）万元。

A. 30.28　　B. 7.64

C. 9　　D. 43.11

23. 甲公司为增值税小规模纳税人，9月10日，向增值税一般纳税人乙企业提供资讯信息服务，取得含增值税销售额4.12万元；9月15日，向小规模纳税人丙企业提供注册信息服务，取得含增值税销售额2.575万元；9月23日，购进办公用品，支付价款0.6万元，并取得增值税普通发票。已知增值税征收率为3%。甲公司当月应纳增值税额为（　　）万元。

A. 0.923　　B. 0.195

C. 0.099　　D. 0.093

24. 纳税人销售下列货物，按3%的征收率减按2%征收增值税的有（　　）。

A. 2013年8月1日以前纳税人销售使用过的小汽车

B. 增值税一般纳税人销售2009年之前购入使用过的固定资产（未抵扣过进项税额）

C. 增值税小规模纳税人（除其他个人）销售自己使用过的固定资产

D. 增值税一般纳税人销售旧货

E. 寄售商店代销寄售物品

25. 依据出口退（免）税政策，一般情况下，应按“免、抵、退”方法计算退税的有（　　）。

A. 生产企业出口自产货物

B. 生产企业出口视同自产货物

C. 生产企业对外提供加工修理修配劳务

D. 不具有生产能力的出口企业出口货物

E. 货物生产企业出口外购货物

26. 甲公司采取预收货款方式向乙公司销售货物，双方于××年8月18日签订一份买卖合同，合同约定乙公司于9月28日向甲公司预付货款。但甲公司在9月10日就收到乙公司的预付货款，甲公司于10月30日发出货物。根据我国《增值税暂行条例》及其实施细则的规定，下列选项中（　　）为甲公司增值税纳税义务发生时间。

A. 8月18日　　B. 9月20日

C. 9月28日　　D. 10月30日

三、判断题

1. 增值税是对商品生产和流通中各环节的新增价值或商品附加值进行征税，有增值额才征税，没增值额不征税，因此称之为“增值税”。（　　）

2. 增值税一般纳税人认定，须由纳税人向税务机关提出申请报告，并提供《税务登记证》副本、经营场所证明、银行账号证明等国家税务总局规定的有关资料，经税务机关实地查验后办理认定。纳税人一经认定为一般纳税人，不得再转为小规模纳税人。（　　）

3. 增值税纳税范围中的销售服务，是指提供交通运输服务、邮政服务、电信服务、建筑服务、金融服务、现代服务、生活服务。（　　）

4. 主管税务机关在一定期限内对新认定为其他一般纳税人实行纳税辅导期管理，是指产生增值税应税劳务的纳税人在纳税初期由主管税务机关进行一定时期的辅导、监控，也就是严密监控期、观察期。（　　）

5. 增值税纳税范围中的邮政服务是指中国邮政集团公司所辖企业和其他各快递公司提供邮件寄递、邮政汇兑和机要通信等服务的业务活动。（　　）

6. 增值税纳税人兼营不同税率的货物或者应税劳务，应当分别核算不同税率货物或者应税劳务的销售额。未分别核算销售额的，选择兼营不同税率的货物或应税劳务的平均适用税率计算应纳税额。（　　）

7. 由国务院或者财政部批准设立的政府性基金，由国务院或者省级人民政府及其财政、价格主管部门批准设立的行政事业性收费，且在收取时无论能否开具省级财政部门监（印）制的财政票据，均不属于增值税的范围。（　　）

8. 增值税一般纳税人销售或者进口货物、提供加工修理修配劳务、提供有形动产租赁服务（包括融资租赁和经营租赁）适用税率均为16%。（　　）

9. 增值税一般纳税人提供电信增值服务、金融服务、销售服务、收派服务、鉴证咨询服务、广播影视服务、商务辅助服务、其他现代服务、生活服务，销售无形资产包括销售土地使用权，适应税率为6%。（　　）

10. 个人转让著作权以及个人销售自建自用住房均不征收增值税。（　　）

11. 增值税纳税范围的特殊项目规定，对工业企业生产中的废品以及工业（含非工业）、商业企业的下脚料和废旧包装物等销售时，应一律按销售货物补缴增值税。（　　）

12. 执法部门和单位查处的罚没物品公开拍卖收入全数上缴国家财政的，不征增值税，由执法部门、财政部门、国家指定的销售单位会同有关部门按质论价，交由国家指定销售单位纳入正常销售变价处理。执法部门按商定价格所取得的收入作为罚没收入如数上交财政，同样不征增值税。（　　）

13. 增值税发票分为增值税专用发票和增值税折叠票、卷票和电子普通发票。（　　）

14. 将货物、自产或者委托加工的货物用于非应税项目、集体福利、无偿赠送他人的，应按章计征增值税并开具增值税专用发票。（　）

15. 增值税纳税人提供货物运输服务，既可使用增值税专用发票也可使用增值税普通发票，但在开具发票时应将起运地、到达地、车种车号以及运输货物信息等内容填写在发票备注栏中。（　）

16. 增值税专用发票只限于增值税一般纳税人销售货物或者提供应税劳务开具的发票，增值税的小规模纳税人和非增值税纳税人不得领购和使用。（　）

17. 增值税应税销售额是指纳税人销售货物或提供应税劳务向购买方收取的全部价款，包括向购买方收取的手续费、补贴、基金、集资费、返还利润、奖励费、违约金、滞纳金、延期付款利息、赔偿金、代收款项、代垫款项、包装费、包装物租金、储备费、优质费、运输装卸费以及其他各种性质的价外收费，同时包括收取的销项税额。（　）

18. 纳税人为销售货物而出租包装物所收取的押金（包括一年以上的押金），如单独记账核算，均不并入销售额计缴增值税。对销售啤酒、黄酒以外其他酒类产品收取的包装物押金，无论是否返还，无论会计如何核算，均并入销售额计缴增值税。（　）

19. 金融商品转让的增值税应税销售额为卖出价扣除买入价后的余额。贷款服务的增值税应税销售额为提供贷款服务取得的全部利息及利息性质的收入扣除利息支出后的余额。（　）

20. 增值税计算的核心就是以纳税人收取的销项税额抵扣其支付的进项税额后的余额作为纳税人应缴纳的增值税额。（　）

21. 增值税一般纳税人购进机器、机械、运输工具，以及其他与生产、经营有关的设备、工具、器具等固定资产（包括混用的固定资产）支付的进项税额不得抵扣。（　）

22. 非正常损失的购进货物，以及相关的加工修理修配劳务和交通运输服务，包括自然灾害损失、因管理不善造成货物被盗、发生霉烂变质等损失和其他非正常损失，按规定其损失部分支付的进项税额可凭合法的增值税专用发票予以抵扣。（　）

23. 增值税纳税人兼营免税项目或非应税项目而无法准确划分的，可按应税项目和免税项目或非应税项目的营业额的比例计算不予抵扣的进项税额。（　）

24. 小规模纳税人销售货物和提供应税劳务或一般纳税人销售特定货物，应采用简易计算方法计征增值税。（　）

25. 非正常损失的不动产，以及该不动产所耗用的购进货物、设计服务和建筑服务的进项税额不得抵扣，但与其相关的运输费用则准予抵扣。（　）

26. 为自然人提供的保险服务不得开具增值税专用发票，可以开具增值税普通发票。（　）

27. 增值税法规定，适用简易计税方法的建筑服务应税销售额为收取的全部价款和价外费用，支付的分包款不能扣除。（　）

28. 当期销项税额若小于当期进项税额而不足抵扣时，其不足部分可以结转下期继续抵扣。（　）

29. 工业生产企业购进货物（包括外购货物支付的运输费用），必须在购进的货物已验收入库后，才能申报抵扣进项税额。对货物尚未到达企业或尚未验收入库的，其进项税额不得作为纳税人当期进项税额予以抵扣。（　）

30. 纳税人采取以旧换新销售货物的，应按新货物的同期销售价格扣除旧货评估价后

的差额确定销售额计税。 （ ）

四、简答题

1．什么叫增值税？增值额指的是什么？

2．增值税一般纳税人和小规模纳税人如何划分？

3．什么叫进项税额、销项税额？进项税额和销项税额具有什么样的关系？

4．简述增值税纳税范围。

5．简述增值税率的含义以及分类。

6．简述出口退税的含义。

7．有进出口经营权的生产企业自营出口或委托代理出口的自产货物，如何实行“免、抵、退”税？

8．简述建筑企业增值税的计税方法。

9．简述房地产企业不征收增值税的项目。

10．简述增值税纳税地点的规定。

五、计算题

1．某商场为增值税一般纳税人，××年6月销售商品，开出增值税专用发票销售额为120万元，销项税额19.2万元；外购商品取得增值税专用发票，价款93万元，进项税额14.88万元。

要求：计算该商场本月应纳增值税。

2．某企业为增值税一般纳税人，×月销售产品，开出增值税专用发票销售额为96万元，销项税额15.36万元；开出增值税普通发票销售额92.8万元（含税）。当月销售产品应分摊原材料进价为150万元。

要求：计算该企业本月应纳增值税。

3．某公司为增值税一般纳税人，××年6月销售农机收入500万元，销售非农机械收入400万元，销售收入均开具增值税专用发票且均不含税。当月外购农机生产原材料350万元，非农机生产原材料260万元，已认证抵扣进项税额76.6万元。

要求：计算该公司当月应纳增值税。

4. 某制药厂 ×× 年 8 月实现销售总额 1 800 万元，其中：销售免税药品 800 万元，其他药品开具增值税专用发票价款 1 000 万元，税款 160 万元。当月外购货物 980 万元，其进项税额 156.8 万元，其中用于生产免税药品和用具的外购货物 390 万元。

要求：计算该厂当月应纳增值税。

5. 某企业 × 月发生以下业务，销售给甲工厂 A 产品 10 件，单价 1.5 万元；销售给乙工厂同类产品 20 件，单价 1.4 万元；销售给丙工厂同类产品 50 件，单价 0.2 万元；将同类产品 100 件换取生产资料。

要求：计算该企业当月增值税应税销售。

6. 某工厂为增值税一般纳税人，某月将当月生产的新产品 5 600 台（每台成本 0.2 万元）用于职工福利。依据相关规定，该新产品成本利润率为 10%。

要求：计算该业务应纳增值税。

7．某果酱厂为增值税一般纳税人，某月外购水果 10 000 公斤，支付价款 5 万元，增值税 0.5 万元，因运输管理不善腐烂 1 000 公斤。验收后，200 公斤用于职工福利，800 公斤送往来单位，其余生产成果酱 400 公斤（20 公斤水果生产 1 公斤果酱）。成品果酱销售 370 公斤，每公斤售价 50 元，短缺 30 公斤原因系被盗。

要求：计算该业务准予抵扣的进项税额。

8．某工厂为增值税一般纳税人，某月因仓库倒塌损失一批产品，其成本为 8 万元。当期生产总成本为 48 万元，其中耗用外购原材料、低值易耗品等 30 万元。

要求：计算该事项应转出的进项税额。

9．某设备制造厂为增值税一般纳税人，某月以生产的 5 台产品换回所需一批原材料，每台设备的售价为 10 万元（不含税），假定换取的原材料取得增值税专用发票注明增值税为 4.8 万元。

要求：计算该业务应纳增值税。

10. 某工厂为增值税一般纳税人，××年11月销售产品，开具增值税专用发票价款15万元，销项税额2.4万元；销售给小规模纳税人产品，开具增值税普通发票，销售额6.96万元（含税）；将一批成本10万元（计税价格12万元）的产品对外投资。

要求：计算该厂当月增值税销项税额。

11. 某生产企业为增值税一般纳税人，某月外购生产原材料，增值税专用发票注明价款120万元；另购农业产品，取得免税农产品收购凭证单上注明收款80万元（假设可按收购价10%计算进项税额）；当月支付水费，取得增值税专用发票注明价款3.5万元；购进生产机器1台，取得增值税专用发票注明价款17万元；购进在建工程材料，取得增值税专用发票注明价款25万元。

要求：计算该企业当月可抵扣增值税进项税额。

12. 某企业为增值税一般纳税人，10月销售货物金额（不含税，下同）500万元；购入生产货物的原材料金额350万元，取得了增值税专用发票；购入送货用汽车10台，每台金额7.8万元，取得了增值税专用发票注明价款78万元；当月提供技术服务收取服务费金额90万元，为提供技术服务发生进项税额3.8万元。

要求：计算该企业当期应纳增值税。

13. 某酒厂为增值税一般纳税人，× 月果酒销售收入为 127.6 万元（含税），发出果酒包装物并收取押金为 5.8 万元，当期逾期未归还包装物押金（非黄酒和啤酒）为 2.32 万元。

要求：计算该厂本期应申报的销项税额。

14. 某商业广场家具城为增值税一般纳税人，× 月销售家具价款 18.56 万元（含税）；另为促销实行还本销售家具收入 6.96 万元（含税），五年后还本。

要求：计算该商场增值税的计税销售额。

15. 某电视机厂采用分期收款结算方式于 ×× 年 5 月售出彩电 200 台，每台成本 0.76 万元，售价 0.95 万元（含增值税）。合同约定产品发出后先收货款，余款以后分五次收回，5 月如期收回货款 16.24 万元。

要求：计算该厂 5 月增值税应税产品销售额。

16. 某工业企业为增值税一般纳税人，8 月份进口一批原材料，关税完税价格折合人民币 120 万元；委托某运输公司将原材料从报关地运到企业，取得运输单位开具的运费专用发票上注明：运费 0.5 万元，装卸费 0.05 万元；原材料已验收入库。已知原材料进口关税税率为 50%。

要求：计算该企业进口环节应向海关缴纳的增值税。

17. 某自营出口的生产企业为增值税一般纳税人，其出口货物的征税率为 16%，退税率为 13%。× × 年 5 月，该企业购进原材料并取得增值税专用发票中注明价款 480 万元，增值税 76.8 万元。4 月末留抵税款 20.88 万元。5 月内销货物价款 200 万元，税款 32 万元。5 月出口货物销售额折合人民币 676 万元。

要求：计算该企业当月的“免、抵、退”税额。

18. 某市第一建筑公司为增值税一般纳税人，× 月承接一个车间建筑工程，月底收到发包方按进度支付工程价款 3 080 万元。该项目当月发生工程成本为 1 200 万元，其中购买材料、动力、机械等取得增值税专用发票上注明的金额为 860 万元，税款 137.6 万元。适用一般计税方法计算应纳税额。

要求：计算该公司本工程应纳增值税。

19. 某建筑工程公司为增值税一般纳税人，× 月以包清工方式承包 A 公司宾馆室内装修工程，工程结算价款为 1 545 万元，开具增值税专用发票注明价款为 1 545 万元。

要求：计算该业务的销项税额。

20. 某房地产开发公司为增值税一般纳税人，× 月采取现款交易方式销售已办理入住的自行开发房产，销售面积为 49 000 平方米，取得销售房款 83 000 万元，开具增值税专用发票。该项目可供销售面积为 70 000 平方米，取得土地时交纳土地出让金 40 000 万元。

要求：计算该业务的销项税额。

21. 某运输企业为增值税一般纳税人，× × 年 10 月取得运输收入 165 万元（含税），当月发生联运支出，取得货物运输业增值税专用发票上注明价款为 60 万元，增值税 6 万元；当月购入运输车辆，取得机动车销售统一发票上注明增值税税额为 3.2 万元；当月因管理不善造成上月购入的汽油（已抵扣过进项税额）丢失，账面成本为 9 万元。

要求：计算该企业当月应纳增值税。

22. 国内某金融机构为增值税一般纳税人，× 月取得贷款利息 560 万元；收取委托贷款手续费 10.72 万元；存款利息支出 240 万元；另从贷款客户处取得加息、罚息 65.4 万元；进行非证券投资基金交易，买进价 90 万元，卖出价 111.4 万元；结算手续费收入 18 万元；结算罚款收入 3 万元；销售支票、账单凭证收入 174 万元；为电信部门代收电话费手续费 34 万元；购进黄金支出 170 万元，销售黄金收入 350 万元。

要求：计算该金融机构当月应纳增值税。

23. 某保险公司为增值税一般纳税人，× 月为重型变压设备运输财产提供保险服务，取得保费收入 212 万元（含税）；另取得一年期返还本利的人寿保险收入 80 万元；当月认证准予抵扣进项税额 5.6 万元。

要求：计算该保险公司当月应纳增值税。

24. 某租赁公司为增值税一般纳税人，× 月采用经营租赁方式向 A 企业出租大型平板运输车 1 台，收到当月含税租金 11.6 万元；当月同样以经营租赁方式向 B 企业出租厂房，收到一个月含税租金 22 万元。

要求：计算该公司当月销项税额。

25．某宾馆为增值税一般纳税人，× 月取得住宿服务收入 190.8 万元，经营成本为 100 万元，其中购买宾馆日用品、清洗布草、添置电器等取得增值税专用发票上注明的税额 3.8 万元。

要求：计算该宾馆当月应纳增值税。

26．某演艺公司为增值税一般纳税人，× × 年 10 月举办文艺表演取得门票收入 545.9 万元，该公司当月购买背景布、音响道具、钢构舞台等取得增值税专用发票上注明的税额合计 13 万元。

要求：分别按一般计税方法和简易计税方法计算该公司当月应纳增值税。

27．某幼儿园为增值税小规模纳税人，× × 年 9 月取得某学年第一学期收入为：收取标准范围内的教育费、保育费 170 万元，课外特色班、兴趣班费用 16.05 万元，幼儿入园赞助费 20 万元；购买特色班、兴趣班专用教具取得增值税发票，注明税款 0.2 万元。

要求：计算该幼儿园当月应纳增值税。

28. 某市博物馆为增值税小规模纳税人，×× 年 10 月举办秋季中国当代书画作品展览取得收入为：书画展第一道门票收入 36 万元，书画展纪念品收入 7 万元，书画展讲座收入 2.27 万元。

要求：计算该博物馆当月应纳增值税。

六、综合题

1. 某城市服装厂为增值税一般纳税人，×× 年 11 月有关业务情况如下：

（1）购进生产用原料，取得增值税专用发票上注明价款 21 万元，税款 3.36 万元。

（2）购进生产用设备 1 台，支付款项 54 万元（不含税），支付运费 0.26 万元（不含税），都取得增值税专用发票。

（3）接受某单位捐赠的一批生产用材料，取得的增值税专用发票上注明价款 2.8 万元。

（4）以自制服装 100 套向某纺织厂换取一批布匹。服装厂开具的增值税专用发票上注明价款 5 万元，取得纺织厂开具的增值税专用发票上注明价款 4.5 万元，其余款以支票结算。材料已验收入库。

（5）委托某商场代销服装，月末收到商场送来的代销清单，代销服装的零售金额 9.28 万元，服装厂按零售金额的 10% 支付给商场代销手续费 0.928 万元，收到商场开具的增值税专用发票。

（6）向某百货公司销售一批服装，货已发送，开具的增值税专用发票上注明价款 200 万元，货款尚未收回。

（7）为某客户加工服装 100 套，双方商定，服装面料由服装厂按客户要求选购，每套服装价格（含税）0.116 万元，该厂为加工该批服装从某公司购进布料并取得增值税专用发票注明价款 3 万元，税款 0.48 万元，货款已付。该批服装已于当月加工完成并送交客户，货款已结清。

（8）赠送某学校一批运动服套装，实际成本 0.65 万元，该批运动服同类市价为 8.12 万元。

（9）上月未抵扣完的进项税额为 0.85 万元。

要求：根据上述材料，计算该厂当月应纳增值税。

2. 某电器专卖商场为增值税一般纳税人，×× 年 8 月发生下列业务：

（1）销售空调机 300 台，每台 0.348 万元（含税），商场负责安装，每台收取安装费 0.023 2 万元。

（2）采取有奖销售方式销售电冰箱 100 台，每台 0.324 8 万元（含税）；奖品为电子石英手表，市场零售价格 0.046 4 万元，共计送出手表 50 只。

（3）收取客户购买 20 台空调机的预付款 4 万元，每台 0.3 万元（含税），按 6.96 万元开具增值税普通发票，因供货商的原因本期未能向客户交货。

（4）购进空调机（商品）200 台，取得增值税专用发票注明价款 42 万元，另取得运输企业开具的增值税专用发票注明运费 1.5 万元、装卸费 0.2 万元、运输保险费 0.3 万元。价税款以银行存款付讫。

（5）购进电冰箱 150 台，取得增值税专用发票注明价款 30 万元，因资金周转困难只支付厂商 70% 的货款，余款在下月初支付；因质量问题，退回从该厂上期购进电冰箱 20 台，每台出厂单价价税合计 0.232 万元，并取得厂家开具的红字发票和税务机关的证明单。

要求：根据上述资料计算该商场当月应纳增值税。

第三章　消　费　税

一、填空题

1. 消费税是对在我国境内从事生产、委托加工和进口应税消费品的单位和个人，就其______________________，在特定环节征收的一种税。

2. 消费税实行__________，只在应税消费品的生产、委托加工和进口环节缴纳，在以后的批发、零售等环节，因为价款中已包含消费税，因此不用再缴纳消费税，税款最终由__________承担。

3. 消费税以税法规定的__________为征税对象。

4. 除出口的应税消费品外，其余应税消费品一律不得__________。

5. 消费税的计算，由于计税依据不同而有所区别，一般有以下三种方法：__________、__________和复合计税。

6. 采取赊销和分期收款结算方式的，以____________________为销售实现的时间。采取预收货款结算方式的，以____________________为销售实现的时间。

7. 消费税中只有__________、__________和成品油三类产品是以销售数量作为计税依据的。

8. 根据《中华人民共和国消费税暂行条例》规定，纳税人______________________，是指纳税人生产应税消费品后，不是用于直接对外销售，而是用于连续生产应税消费品或用于其他方面，不纳消费税。

9. 纳税人销售的应税消费品、自产自用应税消费品，除国务院财政、税务主管部门另有规定者外，应当向______________________________申报纳税。

10. 消费税纳税人的具体纳税期限，由____________根据纳税人应纳税额的大小分别核定；不能按照固定期限纳税的，可以__________纳税。

11. 消费税除金银首饰在零售环节征收和卷烟在批发环节加征一道外，其他13项应税消费品均在__________环节征收。

12. 消费税纳税申报时需填写____________________。

二、不定项选择题（将正确答案前面的字母填入括号内）

1. 消费税实行价内税，应税消费品一般只在（　　）环节缴纳，但所有金、银和金基、银基合金首饰，以及金、银和金基、银基合金的镶嵌首饰的纳税环节除外。

A. 生产、委托加工和进口　　B. 批发

C. 零售　　D. 消费

2. 消费税在税制结构体系中，是增值税的配套税种，即国家在对生产经营活动实行普遍征收增值税的基础上，选择少数消费品再征税的一个税种，其特点有（　　）。

A. 选择性　　B. 单一性

C. 多样性　　D. 转嫁性

3. 下列选项中，属于消费税征收范围的是（　　）。

A. 电动汽车　　B. 卡丁车

C. 高尔夫车　　D. 小轿车

4. 下列行为涉及的货物，属于消费税征税范围的是（　　）。

A. 批发商批发销售的雪茄烟　　B. 不含增值税每只在 10 000 元以下的手表

C. 鞭炮加工厂销售田径比赛用发令纸　　D. 出国人员免税商店销售的金银首饰

5. 下列关于消费税的政策陈述，正确的是（　　）。

A. 高档手表的征税范围是单位售价在 10 000 元以上的手表，不含 10 000 元

B. 小汽车的税率根据排气量和单位价值的大小确定不同的税率

C. 娱乐业和饮食业自制啤酒的每吨售价大于等于 3 000 元的，适用最高单位税额，否则适用较低税额

D. 卷烟每标准条对外调拨价格在 50 元（不含 50 元）以下的，适用从价税率为 30%

6. 纳税人委托个体经营者加工应税消费品，消费税应（　　）。

A. 由受托方代收代缴

B. 由委托方在受托方所在地缴纳

C. 由委托方收回后在委托方所在地缴纳

D. 由委托方在受托方或委托方所在地缴纳

7. 某金店采取翻新改制方式销售的金耳环，其征收消费税的计税依据是（　　）。

A. 同类新品的销售价格　　B. 实际收取的含增值税的全部价款

C. 实际收取不含增值税的全部价款　　D. 同期新品的含税销售价格

8. 进口的应税消费品，由进口人或其代理人向（　　）海关申报纳税。

A. 企业所在地　　B. 企业核算地

C. 货物入境地　　D. 报关地

9. 纳税人销售应税消费品采取分期收款方式的，其消费税纳税义务发生时间可以是（　　）。

A. 书面合同约定的收款日期的当天　　B. 发出应税消费品的当天

C. 购买方收到应税消费品的当天　　D. 取得最后一笔尾款的当天

10. 纳税人自产自用的应税消费品，没有同类消费品销售价格的，按照组成计税价格计算纳税，其组成计税价格计算公式有（　　）。

A.（成本 + 利润）÷（1– 比例税率）

B.（成本 + 利润）÷（1+ 比例税率）

C.（成本 + 利润 + 自产自用数量 × 定额税率）÷（1– 比例税率）

D.（成本 + 利润 + 自产自用数量 × 定额税率）÷（1+ 比例税率）

11. 关于消费税纳税义务的发生时间，下列表述不正确的是（　　）。

A. 销售应税消费品采取预收货款结算方式的，为发出应税消费品的当天

B. 纳税人自产自用的应税消费品，为移送使用的当天

C. 纳税人委托加工的应税消费品，为加工完成的当天

D. 纳税人进口的应税消费品，为报关进口的当天

12. 下列关于消费税的表述中，正确的是（　　）。

A. 自产自用应税消费品无须申报纳税

B. 委托其他企业加工的应税消费品，由受托方（除个人）向机构所在地或者居住地主管税务机关申报纳税

C. 进口应税消费品，由进口人或其代理人向其所在地主管税务机关申报纳税

D. 纳税人销售的应税消费品，如因质量等问题由购买者退回时，可直接抵减应纳税款

13. 下列选项中，符合消费税纳税地点规定的有（　　）。

A. 进口应税消费品的，由进口人或其代理人向报关地海关申报纳税

B. 纳税人总机构与分支机构不在同一县的，分支机构应回总机构申报纳税

C. 委托加工应税消费品的，由委托方向受托方所在地主管税务机关申报纳税

D. 纳税人到外县销售自产应税消费品的，应向纳税人机构所在地或居住地主管税务机关申报纳税

14. 下列应税消费品中，准予扣除已纳消费税的有（　　）。

A. 以已税珠宝玉石为原料生产的金银镶嵌首饰

B. 以已税烟丝为原材料生产的卷烟

C. 以已税小汽车改造生产的小汽车

D. 以已税润滑油为原料生产的润滑油

15. 企业发生的下列行为中，不需要缴纳消费税的是（　　）。

A. 用自产的应税消费品换取生产资料

B. 用自产的应税消费品抵偿债务

C. 以不高于受托方计税价格直接销售委托加工收回的已税消费品

D. 在销售数量之外另付给购货方自产的应税消费品作为奖励

16. 根据消费税法律制度的规定，属于消费税纳税人的是（　　）。

A. 粮食批发企业　　B. 家电零售企业

C. 卷烟进口企业　　D. 服装生产企业

17. 根据消费税法律制度的规定，下列选项中采取从价计征消费税的有（　　）。

A. 高档手表　　B. 高尔夫球

C. 烟丝　　D. 黄酒

18. 甲汽车厂将1辆生产成本为5万元的自产小汽车用于抵偿债务，同型号小汽车不含增值税售价12万元/辆（不含增值税市场平均售价10万元/辆）。假设小汽车消费税税率为5%，甲汽车厂该笔业务应缴纳消费税是（　　）万元。

A. 0.5　　B. 0.6

C. 0.25　　D. 0.262 5

三、判断题

1. 电动摩托车属于应征消费税的“摩托车”税目征收范围。（　　）

2. 自产自用应税消费品的，以应税消费品的移送使用数量为课税数。（　　）

3. 用于连续生产卷烟的烟丝，属于应税消费品。用于连续生产应税消费品，移送环节不缴纳消费税。（　　）

4. 应税消费品价格明显偏低又无正当理由的，税务机关有权核定其计税价格。卷烟、白酒和小汽车的计税价格必须由省级税务局核定计税价格。（　　）

5. 按照现行消费税制度规定，卷烟生产企业生产卷烟用于本企业招待所的卷烟，无须征收消费税。（　　）

6. 纳税人自产自用的卷烟应当按照纳税人生产的同牌号规格的卷烟销售价格确定征税类别和适用税率，没有同牌号规格卷烟销售价格的，一律按照卷烟最高税率征税。（　　）

7. 金银首饰在零售环节征收消费税，在生产环节只征收增值税，不征收消费税。酒类产品在批发环节征收增值税，不征收消费税。（　　）

8. 委托加工应税消费品计征消费税的组成计税价格 =（材料成本 + 加工费）÷（1– 消费税税率），公式中材料成本为受托方代垫辅助材料的成本。（　　）

9. 在零售环节缴纳消费税的金银首饰，包括金、银和金基、银基合金首饰，以及金、银和金基、银基合金的镶嵌首饰，钻石及钻石饰品，铂金首饰。（　　）

10. 工业企业，从商业企业购进的应税消费品，经过加工后再销售的应税消费品无论是否取得已税证明，都不得抵扣购进应税消费品的消费税。（　　）

11. 纳税人自产自用的应税消费品，没有同类消费品销售价格，实行从价定率办法的，按组成计税价格 =（成本 + 利润）÷（1+ 比例税率）计算纳税。（　　）

12. 销售应税消费品采取预收货款结算方式的，消费税纳税义务的发生时间，为发出应税消费品的当天。（　　）

13. 委托方将收回的应税消费品，以高于受托方的计税价格出售的，必须按照规定申报缴纳消费税，在计税时不得扣除受托方已代收代缴的消费税。（　　）

14. 纳税人将自产自用的应税消费品用于生产非应税消费品、在建工程、管理部门、非生产机构、提供劳务、馈赠、赞助、集资、广告、样品、职工福利、奖励等方面必须于移送时计征消费税。（　　）

15. 委托加工的应税消费品，包括受托方为个人的，应由受托方在向委托方交货时代收代缴消费税。（　　）

16. 生产企业销售酒类产品而收取的包装物押金，无论押金是否返还以及会计如何核算，均需并入酒类产品销售额中，依酒类产品的适用税率征收消费税。（　　）

四、简答题

1. 简述消费税的基本概念及特点。

2．消费税纳税人有什么特殊规定？

3．消费税具有哪些作用？

4．简述消费税应纳税额的计算方法。

5．纳税人销售应税消费品，销售额中含有增值税时，应纳消费税怎样计算？

6．进口应税消费品为什么是以进口商品总值为课税对象？

五、计算题

1. ××年8月，某首饰厂从某商贸企业购进一批珠宝玉石，增值税发票注明价款50万元，增值税税款8万元，打磨后再将其销售给首饰商城，收到不含税价款90万元。假设珠宝玉石消费税税率为10%。

要求：计算该业务应纳消费税。

2. 甲企业为增值税一般纳税人，×月外购一批木材，取得增值税专用发票注明价款60万元、税额9.6万元；将该批木材运往乙企业，委托其加工木制一次性筷子，取得专用发票注明运费1万元、税额0.1万元，支付不含税委托加工费5万元。假定乙企业无同类产品对外销售，木制一次性筷子消费税税率为5%。

要求：计算乙企业该业务应代收代缴的消费税。

3. ××年3月，某酒厂（增值税一般纳税人）生产粮食白酒100吨全部用于销售，当月取得销售额480万元（不含税），收取包装物押金20万元（不含税）。

要求：计算该厂当月应纳消费税。

4. 某外贸公司进口一批小轿车，关税完税价格折合人民币 600 万元，关税税率 25%，消费税税率 12%。

要求：计算该公司进口环节应纳消费税。

5. 某外贸公司 × 月从生产企业购入实木地板一批，取得增值税专用发票注明价款 82 万元、增值税 13.12 万元，支付购买实木地板的运输费用 3 万元、增值税 0.3 万元。当月将该批实木地板全部出口取得销售收入 114.6 万元。假定实木地板消费税税率为 5%。

要求：计算该外贸公司出口实木地板应退的消费税。

6. 某企业是增值税一般纳税人，× 月生产销售甲类啤酒 680 吨，每吨出厂价格为 2 800 元，该啤酒适用的消费税税率为 220 元 / 吨。

要求：计算该业务应纳消费税。

7. 某化妆品生产企业，× 月外购原材料生产一种化妆品用于职工福利，生产成本为12 万元，无同类应税消费品销售价格。假设成本利润率为 5%，消费税税率为 30%。

要求：计算该企业当月应纳消费税。

8. 某汽车生产企业为增值税一般纳税人，× 月生产并销售气缸容量为 3.0 升小轿车 80 辆，每辆含增值税的销售价格 23.2 万元。

要求：计算该企业当月应纳消费税。

9. 甲企业为增值税一般纳税人，× 月外购价值 260 万元的木地板委托乙企业进行加工，支付加工费 25 万元。甲企业销售加工收回的 70% 木地板，取得增值税专用发票，注明价款 350 万元。

要求：计算该业务乙企业代收代缴消费税以及甲企业应纳消费税。

10．某烟丝加工厂为增值税一般纳税人，× 月接受某烟厂委托加工烟丝，烟丝加工厂自行提供烟叶的成本为 3.2 万元，代垫辅助材料 0.2 万元，加工费支出 0.5 万元。假设烟丝消费税税率为 30%，成本利润率为 5%，上述价格均为不含税价格。

要求：计算该业务应纳消费税。

11．甲卷烟厂购进一批烟叶，委托乙卷烟厂为其加工一批烟丝，该批烟叶的成本为 30 万元，乙卷烟厂收取加工费 5 万元，乙卷烟厂无同类烟丝售价。甲卷烟厂提货时由乙卷烟厂代收代缴了消费税，该批烟丝收回后，甲卷烟厂将其中的 80% 以 45 万元对外销售，以上价格均为不含税价格。

要求：计算该业务乙卷烟厂代收代缴消费税及甲卷烟厂应纳消费税。

12．甲酒厂 × 月销售果木酒，取得不含增值税销售额 10 万元，同时收取包装物租金 0.58 万元、优质费 2.32 万元。

要求：计算甲酒厂当月销售果木酒应纳消费税。

13．某地板公司生产各种实木地板，× 月领用上月外购的地板继续加工成豪华实木地板，销售给某外贸企业500箱，开具增值税专用发票注明销售额为400万元；已知上月外购实木地板500箱，取得增值税专用发票注明价款300万元，本月生产领用80%。

要求：计算该公司当月应纳消费税。

14．某商贸公司 × 月从国外进口粮食白酒6 000千克，该批白酒关税完税价格为120万元，缴纳关税18万元。

要求：计算该批白酒进口环节应纳消费税。

15．某酒厂主要生产粮食白酒和啤酒两种产品。× 月，外购酒精10万元；销售粮食白酒5万千克，价款200万元；销售啤酒250吨，每吨售价为0.35万元，收取啤酒包装物押金0.58万元。

要求：计算该酒厂当月应纳消费税。

16. 某石化厂 ×× 年 10 月销售柴油 100 万升，同月将自产柴油 5 000 升用于本厂基建工程的车辆和设备使用。假定柴油适用税率为 1.2 元 / 升。

要求：计算该石化厂当月应纳消费税。

17. 某烟厂为增值税一般纳税人，当月用外购的已税烟丝加工生产卷烟。当月初烟丝库存余额为 128 万元（不含增值税），当月从商业企业购进烟丝一批，价税合计 232 万元，月末库存余额为 58 万元（不含增值税）。

要求：计算该烟厂当月准予扣除的外购烟丝的已纳消费税。

18. 某酒厂 × 月生产销售散装啤酒 600 吨，每吨售价 3 800 元。另外，该厂生产一种新的粮食白酒，广告样品使用 0.5 吨，该白酒无同类产品出厂价，生产成本每吨 3 500 元，成本利润率假设为 10%。

要求：计算该厂当月应纳消费税。

六、综合题

1．某高尔夫球及球具生产厂家为增值税一般纳税人，××年10月发生以下业务：

（1）购进一批PU材料，增值税专用发票注明价款10万元、增值税税款1.7万元，委托乙企业将其加工成100个高尔夫球包，支付加工费2万元、增值税税款0.32万元。乙企业当月销售同类球包不含税销售价格为0.25万元/个。

（2）将委托加工收回的球包直接出售，收到不含税价款28万元。

（3）购进一批碳素材料、钛合金，增值税专用发票注明价款150万元、增值税税款24万元，委托丙企业将其加工成高尔夫球杆，支付加工费30万元、增值税税款4.8万元。丙企业未代收消费税。

（4）委托加工收回的高尔夫球杆的80%当月已经销售，收到不含税价款300万元，尚有20%留存仓库。

要求：根据上述资料，按序号计算回答下列问题，每问需计算出合计数。

（1）计算乙企业应代收代缴的消费税。

（2）计算甲企业销售球包应纳消费税。

（3）计算甲企业销售高尔夫球杆应纳消费税。

（4）计算甲企业留存仓库的高尔夫球杆应纳消费税。

2. 甲厂为增值税一般纳税人，主要生产白酒，××年7月发生以下业务：

（1）向某烟酒专卖店销售粮食白酒20吨，开具增值税普通发票，取得含税收入200万元，另收取品牌使用费50万元、包装物租金20万元。

（2）提供10.3万元的原材料委托乙企业加工散装药酒1 000千克，收回时向乙企业支付不含增值税的加工费0.5万元，乙企业已代收代缴消费税。

（3）收回委托加工的药酒后，将其中900千克散装药酒继续加工成瓶装药酒1 800瓶，以每瓶不含税销售价100元通过非独立核算门市部销售完毕。将剩余100千克散装药酒作为福利分给职工，同类药酒的不含税销售价为每公斤150元。假定药酒的消费税税率为10%，白酒的消费税税率为20%加0.5元/500克。

要求：根据上述资料，按序号计算回答下列问题，每问需计算出合计数。

（1）计算本月甲厂向专卖店销售白酒应纳消费税。

（2）计算乙企业已代收代缴的消费税。

（3）计算本月甲厂销售瓶装药酒应纳消费税。

（4）计算本月甲厂分给职工散装药酒应纳消费税。

第四章　关　　税

一、填空题

1. 关税是贯彻__________政策的重要手段。

2. 关税按货物流向的不同可分为__________、__________和过境税。

3. 关税按征税的计税标准分类，可以分为__________、__________、复合关税、选择关税和__________。

4. 关税是对__________征税，对__________不征税。

5. 进出口货物的完税价格，由__________确定。

6. 离岸价格应当按照应税出口货物运离出境前的__________计算，具体包括货价、货物运至我国境内输出地点装载前的运输及相关费用、保险费，不包含__________。

7. 我国出口关税计算方法有__________和__________两种计征标准。

8. 进口货物的纳税人应当从运输工具申报进境之日起________以内，出口货物的纳税人除了海关特准的以外，应当在货物运抵海关监管区以后、装货的________以前，向货物的进出境地海关申报。

9. 进出口货物的纳税义务人，应当自海关填发税款缴款书之日起________内缴纳税款。

10. __________是海关允许某些纳税人在办理了有关关税手续后，先行办理放行货物的手续，然后再办理征纳关税的海关制度。

二、不定项选择题（将正确答案前面的字母填入括号内）

1. 下列关于关税特点的表述中，正确的是（　　）。

A. 关税的高低对进口国的生产影响较大，对国际贸易影响不大

B. 关税是多环节的价内税

C. 关税是单一环节的价外税

D. 关税不仅对进出境的货物征税，还对进出境的劳务征税

2. 下列机构中，有权决定征收特别关税的货物、适用国别、税率、期限和征收办法的是（　　）。

A. 商务部　　　　B. 财政部

C. 海关总署　　　　D. 国务院关税税则委员会

3. 下列选项中，不属于关税义务人的是（　　）。

A. 进口货物的收货人　　　　B. 出口货物的发货人

C. 进口货物的所有人　　　　D. 进口货物的发货人

4. 当一个国家存在自由港、自由区时，该国国境（　　）关境。

A. 大于　　　　B. 等于

C. 小于　　　　D. 无法比较

5.（　　）是指同一种进口货物，由于输出国或生产国不同，或输入情况不同而使用的不同税率征收的关税。

A．反倾销税　　B．歧视关税
C．报复关税　　D．优惠关税

6.（　　）是指对某种货物在税则中预先按照该商品价格规定几档税率，价格高的该物品适用较低税率，价格低的该物品适用较高税率，目的是使该物品的价格在国内市场上保持稳定。

A．反倾销税　　B．复合关税
C．滑动关税　　D．歧视关税

7.（　　）是指缔约国一方承诺现在或将来给予第三方的一切优惠、特权或豁免等待遇，缔约国另一方享受同样待遇。

A．互惠关税　　B．特惠关税
C．最惠国待遇关税　　D．普遍优惠关税

8．任何国家或者地区对其进口的原产于我国的货物征收歧视性关税或者给予其他歧视性待遇的，我国对原产于该国家或者地区的进口货物征收（　　）。

A．保障性关税　　B．报复性关税
C．反倾销税　　D．反补贴税

9．根据我国税法规定，进口货物以海关审定的成交价格为基础的（　　）为完税价格。

A．公允价格　　B．到岸价格
C．离岸价格　　D．货物价格

10．我国关税税则设有（　　）。

A．最惠国税率　　B．协定税率
C．普通税率　　D．特惠税率

11．下列选项中，（　　）属于优惠关税。

A．互惠关税　　B．特惠关税
C．最惠国待遇关税　　D．普遍优惠制关税

12．关税政策可分为（　　）。

A．财政关税　　B．特惠关税
C．保护关税　　D．普遍关税

13.（　　）是我国关税制度的两个最基本的法规。

A．进出口关税条例　　B．进出口关税管理办法
C．进出口关税暂行规定　　D．进出口关税税则

14．进口货物的下列（　　）费用应当计入完税价格。

A．由买方负担的购货佣金
B．由买方负担的在审查确定完税价格时与该货物视为一体的容器的费用
C．由买方负担的包装材料费用和包装劳务费用
D．作为该货物向我国境内销售的条件，买方必须支付的与该货物有关的特许权使用费

15．进口货物的成交价格不符合进出口关税条例规定的，或者成交价格不能确定的，可以使用（　　）方法估定该货物的完税价格。

A．相同或类似货物的成交价格法　　B．倒扣价格法

C．计算价格法　　D．比较价格法

16．下列进出口货物中，（　　）免征关税。

A．没有商业价值的广告和货物

B．外国政府无偿赠送的货物

C．在海关放行之前损失的货物

D．进出境运输工具装载途中的燃料、物料和饮食用品

17．下列项目中，属于进口关税完税价格组成部分的是（　　）。

A．进口人向自己的境外采购代理人支付的购货佣金

B．进口人负担的向中介机构支付的经纪费

C．进口设备报关后的安装调试费用

D．货物运抵境内输入地点起卸之后的运输费用

18．下列税费中，应计入进口货物关税完税价格的是（　　）。

A．单独核算的境外技术培训费用

B．报关时海关代征的增值税和消费税

C．由买方单独支付的入关后的运输费用

D．进口货物运抵我国境内输入地点起卸前的保险费

三、判断题

1．适用出口税率的货物有暂定税率的，应当适用暂定税率。（　　）

2．关税征收的对象是进出境的货物和物品，对进出境的劳务不征收关税。（　　）

3．关税具有较强的涉外性，所以关税税则的制定、税率的高低，直接会影响到国际贸易的开展。（　　）

4．在我国加入世界贸易组织之后，关税减征以最惠国税率或普通税率为基准。（　　）

5．纳税人因故退还的国内出口货物，经海关审查属实，可予免征进口关税，已征收的出口关税准予退还。（　　）

6．进口货物时，与该货物生产和向我国境内销售有关的，由买方以免费或者以低于成本的方式提供可以按适当比例分摊的料件、工具、模具、消耗材料及类似货物的价款，以及在境外开发、设计等相关服务的费用不计入完税价格。（　　）

7．以租赁方式进口的货物，以海关审查确定的该货物的租金作为完税价格。（　　）

8．未包含在进口货物价格中由买方负担的购货佣金，应计入关税完税价格。（　　）

9．转让进口的免税旧货物，以海关审定的该货物原进口时的价格，扣除折旧部分价值作为完税价格。（　　）

10．进口货物成交价格“FOB”的含义是“船上交货”的价格术语简称，又称“离岸价格”。进口货物成交价格“CIF”的含义是“成本加运费、保险费”的价格术语简称，又称“到岸价格”。（　　）

11．根据关税完税价格办法规定的估价原则，海关可以在境内获得的数据为基础估定完税价格，但不得使用出口到第三国的货物销售价格。（　　）

12．纳税义务人因不可抗力或者在国家税收政策调整的情形下，不能按期缴纳税款的，经海关总署批准，可以延期缴纳税款，但是最长不能超过 6 个月。（　　）

13．外国政府、国际组织无偿赠送的物资免征关税。（　　）

14．海关发现海关监管货物因纳税义务人违反规定造成少征或者漏征税款的，应当自纳税义务人应缴纳税款之日起 3 年内追征税款，并从应缴纳税款之日起按日加收少征或者漏征税款万分之三的滞纳金。（　　）

15．出口货物的成交价格，是指该货物出口时卖方为出口该货物应当向买方直接收取的和间接收取的价款总额。出口关税应计入完税价格。（　　）

16．报关时海关代征的增值税和消费税，应计入进口货物关税完税价格。（　　）

四、简答题

1．什么叫关税？关税的征税对象有哪些？

2．什么叫关税的完税价、离岸价？

3．简述关税的税收保全措施。

4．关税的减免政策有哪些？

5. 海关法中规定的补征、追征和退还指的是什么？请简要说明。

6. 什么情况下可启用关税后纳制？有何优点？

五、计算题

1. 某市外贸公司 ×× 月进口一批货物，到岸价 120 000 欧元，另付包装费 4 050 欧元、港口到厂区公路运费 2 000 元人民币，取得国际货物运输发票。当期欧元与人民币汇率 1∶8，关税税率 28%。

要求：计算该公司进口环节应纳关税。

2. 某进出口公司 × 月从德国进口一批巨型轮胎，该批轮胎采购地的货价为 92 万欧元，运抵境内口岸前所支付的运输费用为 5 万欧元，保险费为 3 万欧元。该轮胎的最惠国税率为 25%，暂定税率为 6%。经海关审定成交价格正常。假设欧元与人民币汇率 1∶9.95。

要求：计算该业务应纳关税。

3. 某企业 × 月，进口原产于美国的医用设备 20 台，该批设备单价每台 2 500 美元，运输及保险费 6 万元人民币。假设设备关税税率：每台完税价格≤2 000 美元，执行单一从价税，税率 30%；每台完税价格 >2 000 美元，每台征收从量税，税额 4 482 元人民币，加上 3% 的从价税。假设美元与人民币汇率 1∶8.27。

要求：计算该业务应纳关税。

4. 某进出口公司从法国进口一批货物，货物以离岸价格折合人民币 1 410 万元成交，其中包括单独计价并已经海关审查属实的向境外采购代理人支付的买方佣金 10 万元，但不包括适用该货物向境外支付的软件费 50 万元、向卖方支付的佣金 15 万元；另支付货物运抵我国港口的运费、保险费等 35 万元。假设该货物适用的关税税率为 20%。

要求：计算该公司应纳关税。

5. 某演出公司进口一套舞台设备，实付金额折合人民币 185 万元，其中包含单独列出的进口后设备安装费 10 万元，境外运输费 25 万元，运输保险费无法确定，按照“货价加运费”两者总额的 3‰计算。假定关税税率为 20%。

要求：计算该公司进口舞台设备应纳关税。

6. 某商业企业 ×× 年 2 月从国外进口一批护肤护发品，海关核定的关税完税价格为 82 万元（关税税率为 20%，消费税税率为 8%），已取得海关开具的完税凭证，当月该企业把其中的一部分护肤护发品在国内市场销售，取得不含税销售收入 112 万元。

要求：计算该业务相关环节应缴纳的各种税金。

7. 国内某公司 ×× 年 3 月从国内甲港口出口一批锌锭到国外，货物成交价格为 170 万元（FOB 价，不含出口关税），其中包括货物运抵甲港口装载前的运输费 10 万元、单独列明支付给境外的佣金 12 万元。甲港口到国外目的地港口之间的运输保险费 20 万元。锌锭出口关税税率为 20%。

要求：计算该公司出口锌锭应缴纳的出口关税。

8. 某企业进口一批烟丝，境外成交价格 150 万元，运至我国境内输入地点起卸前运费 20 万元，保险费率 3‰；将烟丝从海关监管区运往仓库，发生运费 12 万元，取得合法货运发票。假设关税税率为 10%。

要求：计算进口环节应缴纳的关税、增值税和消费税。

9. 某外贸公司为增值税一般纳税人，××年 3 月从摩托车厂购进摩托车 1 000 辆，直接报关离境出口；取得的增值税专用发票注明的单价是每辆 0.5 万元，支付从摩托车厂到出境口岸的运费 16 万元，装卸费 4 万元，离岸价每辆 720 美元（美元与人民币汇率 1∶6.3）。摩托车消费税税率为 10%。

要求：计算该业务应退消费税。

10. 某企业海运进口一批货物，海关审定该货物价款 4 500 万美元，运费 25 万美元。假设该批货物进口关税税率为 5%，保险费率 3‰。当日的外汇牌价为 USD1 = RMB 6.64。

要求：计算该货物应纳关税。

11. 某企业为增值税一般纳税人，× × 年 9 月从国外进口一批材料，货价 80 万元，买方支付购货佣金 2 万元，运抵我国输入地点起卸前运费及保险费 5 万元；从国外进口一台设备，货价 10 万元，境外运费和保险费 2 万元，与设备有关的软件特许权使用费 3 万元；企业缴纳进口环节相关税金后海关放行。假定材料关税税率为 20%，设备关税税率为 10%。

要求：计算该企业进口环节应缴纳的税金。

12. 某日化厂为增值税一般纳税人，× × 年 8 月进口一批香水精，出口地离岸价格 85 万元，境外运费及保险费共计 5 万元。假设关税税率为 50%。

要求：计算该企业进口环节应缴纳关税、增值税和消费税。

13. 某进出口公司进口一批货物，以采购地离岸价格成交，成交总价为 1 500 万元人民币，运抵我国输入地前的运费、保险费、手续费等共计 80 万元人民币。适用关税税率为 10%。经海关审定，其成交价格正常。

要求：计算该公司应纳关税。

14．2017 年 7 月 1 日某公司由于承担国家重要工程，经批准免征关税进口一套电子设备。使用 2 年后项目完工，该公司于 2019 年 6 月 30 日将该设备出售给了国内另一家企业，并向海关办理申报补税手续。该电子设备到岸价格为 300 万元，2017 年进口时该设备关税税率为 14%，转售时该设备关税税率为 10%，海关规定的监管年限为 5 年。

要求：计算该设备应补交关税。

15．上海某公司从法国购进轿车，成交价格共 FOB10 万美元，支付港商佣金 FOB3%（非买方佣金），运费 0.6 万美元，保险费率 3‰。假设关税税率为 50%，美元与人民币汇率 1∶8.27。

要求：计算该公司应纳关税。

16．某进出口公司从日本进口硫酸镁 100 吨，进口申报价格 FOB 横滨 500 000 美元，运费总价为 10 000 美元，保险费率 3‰。假定美元与人民币汇率 1∶8.27，关税税率 10%。

要求：计算该公司应纳关税。

17. 某单位委托香港某公司从英国进口柚木木材，运费4.42万元人民币，保险费率3‰，非购货方佣金为到岸价格（香港）的3%。进口申报到岸价格为58万美元。假定美元与人民币汇率1∶8.27，关税税率9%。

要求：计算该单位应纳关税。

18. 某公司进口货物成交价格为FOB汉城100/kg美元，总运费0.55万美元。净重1 000 kg，保险费率3‰。假定美元与人民币汇率1∶8.27，关税税率15%。

要求：计算该公司应纳关税。

19. 某公司出口货物成交价格为总价CIF新加坡3万美元，运费总价0.08万美元，保险费率3‰。假定美元与人民币汇率1∶8.27，关税税率10%。

要求：计算该公司应纳关税。

20. 某公司进口一批货物，价格为 F0B 旧金山 1 万美元，运费 0.01 万美元，加一成投保，保险费率为 3‰。假定进口关税税率为 10%，USD 1=RMB 7。

要求：计算该批货物应纳关税。

六、综合题

1. 某具有进出口经营权的企业 2018 年 5 月发生以下业务：

（1）进口设备一台，设备成交价 100 万元，发生境外运费 3 万元，境外保险费 0.4 万元，其他境外相关费用 0.5 万元；境内安装调试费 5 万元；关税税率为 20%。

（2）2016 年 5 月初免税进口一台设备，设备价款 60 万元，海关监管期 4 年，设备的关税税率为 15%；2018 年 5 月将其出售给另一国内企业。

（3）进口甲材料，进口完税价格 50 万元，报关进口后发现其中 20% 部分有严重质量问题要求追偿，出口方同意再按甲材料原进口价值的 10% 予以补偿，原货物不再退回，进口方取得无代价抵偿物海关核定完税价 5 万元，甲材料的关税税率为 20%。

（4）2018 年 4 月进口一批设备共 20 台，每台价格 0.4 万元，该批设备运抵我国境内起卸前的包装、运输、保险和其他劳务费用共计 0.5 万元，海关于 4 月 15 日填发税款缴款书，由于该公司发生暂时经济困难，于 5 月 4 日才缴清税款。假设该类设备进口关税税率为 30%，滞纳金按每日 0.5‰计算。

要求：计算该企业当月应纳关税及相关费用。

2. 某商贸公司为增值税一般纳税人，具有进出口经营权，××年5月发生下列相关业务：

（1）从国外进口轿车2辆，支付买价40万元、相关费用5万元、海外运输费用3万元以及运输保险费1万元。

（2）将生产中使用的价值50万元的设备运往国外修理，出境时已向海关报明，支付给境外的修理费5万元、料件费10万元、运费0.5万元，并在海关规定的期限内收回了设备。

（3）从国外进口卷烟8万条（每条200支），支付买价200万元、海外运费12万元、运输保险费8万元。假设该卷烟只征收从价税。

以上业务进口关税均为20%。

要求：计算该企业进口环节应缴纳的关税、消费税和增值税。

第五章　企业所得税

一、填空题

1．企业所得税是指在中华人民共和国境内，____________________为纳税人，就其生产经营所得和其他所得，包括来源于中国境内、境外所得纯收益额所征收的一种税。

2．根据企业所得税法规定：一般企业所得税的税率为________。

3．企业从事____________项目的所得可以免征、减征企业所得税。

4．企业所得税应纳税所得额是指企业每一纳税年度的收入总额，减除____________、____________和______________________________后的余额。

5．企业所得税扣除项目的基本内容包括____________、____________、____________、____________和其他支出。

6．企业发生的与生产经营活动有关的业务招待费支出，按照发生额的________扣除，但最高不得超过当年销售（营业）收入的__________。

7．企业发生的符合条件的广告费和业务宣传费支出，除国务院财政、税务主管部门另有规定外，不超过当年销售（营业）收入的__________部分，准予扣除；超过部分，准予结转以后纳税年度扣除。

8．企业所得税的纳税年度为________________。

9．企业应当自年度终了之日起____________内，向税务机关报送年度企业所得税纳税申报表，并汇算清缴，结清应缴应退税款。

10．居民企业以企业登记注册地为纳税地点。但登记注册地在境外的，以________________________为纳税地点。

二、不定项选择题（将正确答案前面的字母填入括号内）

1．根据企业所得税法规定，下列关于居民企业和非居民企业的说法，正确的是（　　）。

A．只有依照中国法律成立的企业才是居民企业

B．依照外国法律成立，实际管理机构在中国境内的企业是非居民企业

C．在境外成立的企业都是非居民企业

D．在中国境内设立机构、场所且在境外成立，其实际管理机构不在中国境内的企业是非居民企业

2．关于居民企业和非居民企业的说法符合企业所得税法规定的是（　　）。

A．企业所得税的纳税人分为居民企业和非居民企业

B．居民企业应当就其来源于中国境内、境外所得缴纳企业所得税

C．非居民企业在中国境内未设立机构、场所的，只就其中国境内所得缴纳企业所得税

D．非居民企业在中国境内设立机构、场所的，只就其机构、场所取得的来源于中国境内所得缴纳企业所得税

3. 非居民企业在中国境内设立从事生产经营活动的机构、场所包括（　　）。

A. 提供劳务的场所

B. 办事机构

C. 在中国境内从事生产经营活动的营业代理人

D. 来华人员居住地

4. 根据企业所得税法规定，下列各项中按负担所得的所在地确定所得来源地的是（　　）。

A. 提供劳务所得　　B. 不动产转让所得

C. 其他所得　　D. 租金所得

5. 根据企业所得税法规定，下列纳税人中属于企业所得税纳税人的是（　　）。

A. 个人独资企业　　B. 合伙企业

C. 中外合资企业　　D. 个体工商户

6. 根据企业所得税法规定，下列关于企业所得税税率说法正确的是（　　）。

A. 企业所得税基本税率为 20%

B. 企业所得税法实行地区差别比例税率

C. 国家重点扶持的高新技术企业适用 10% 的企业所得税税率

D. 在中国境内未设立机构、场所的非居民企业可以适用企业所得税的低税率计算缴纳所得税

7. 下列关于企业所得税收入的确认，说法正确的是（　　）。

A. 企业自产的产品转移至境外分支机构，不属于视同销售，不应当确认收入

B. 特许权使用费收入，按照实际取得特许权使用费收入的日期确认收入的实现

C. 企业自产的产品转为自用，应当视同销售货物，按企业同类资产同期对外销售价格确认销售收入

D. 企业发生的损失，减除责任人赔偿和保险赔款后的余额，准予在所得税前扣除。但企业已经作为损失处理的资产，在以后纳税年度又全部收回或者部分收回时，应当计入当期收入

8. 以下关于非居民企业所得税核定征收办法表述错误的是（　　）。

A. 非居民企业为中国境内客户提供劳务取得的收入，凡其提供的服务全部发生在中国境内的，应全额在中国境内申报缴纳企业所得税

B. 采取核定征收方式征收企业所得税的非居民企业，在中国境内从事适用不同核定利润率的经营活动，其取得应税所得，应合并从高适用利润率，计算缴纳企业所得税

C. 对经审核不符合核定征收条件的非居民企业，主管税务机关应自收到企业提交的鉴定表后 15 个工作日内向其下达《税务事项通知书》，将鉴定结果告知企业

D. 税务机关发现非居民企业采用核定征收方式计算申报的应纳税所得额不真实，有权予以调整

9. 下列关于收入确认时间的说法中，正确的是（　　）。

A. 接受非货币形式捐赠，在计算缴纳企业所得税时应分期确认收入

B. 取得的国债利息收入，应以国债发行时约定应付利息的日期，确认利息收入的实现

C. 股息等权益性投资收益以投资方收到所得的日期确认收入的实现

D. 特许权使用费收入以实际取得收入的日期确认收入的实现

10．根据企业所得税法规定，下列收入中应计入企业所得税征税的有（　　）。

A．软件企业收到的即征即退的增值税用于扩大再生产

B．补贴收入

C．汇兑收益

D．确实无法偿付的应付款项

11．下列属于企业所得税的视同销售收入的是（　　）。

A．房地产企业将开发房产转作办公用途

B．房地产企业将开发房产用于经营酒店

C．某酒厂将产品用于捐赠

D．某工业企业将产品用于管理部门使用

12．下列关于资产的摊销处理中，不正确的做法是（　　）。

A．生产性生物资产的支出，准予按成本扣除

B．无形资产的摊销年限不得低于10年

C．自行开发无形资产的费用化支出，不得计算摊销费用

D．在企业整体转让或清算时，外购商誉的支出准予扣除

13．根据企业所得税法规定，企业下列各项支出中，在计算应纳税所得额时，准予从收入总额中直接扣除的是（　　）。

A．手续费支出

B．烟草企业的广告费

C．软件生产企业的职工培训费用

D．向投资者支付的股息、红利等权益性投资收益款项

14．企业在计算企业所得税应纳税所得额时，按税前允许扣除的工资总额分别提取的职工工会经费、职工福利费、职工教育经费的比例是（　　）。

A．2%，10%，1.5%　　B．2%，14%，2.5%

C．2%，10%，2.5%　　D．5%，10%，3%

15．企业缴纳的下列保险费可以在税前直接扣除的有（　　）。

A．为特殊工种的职工支付的人身安全保险

B．按照国家规定，企业为投资者支付的补充养老保险

C．为投资者或者职工支付的商业保险

D．按照国家规定，为董事长缴纳的补充养老保险

16．创业投资企业采取股权投资方式，投资于未上市的中小高新技术企业两年以上的，可按其投资额的一定比例抵扣该创业投资企业的企业所得税应纳税所得额，这一比例是（　　）。

A．50%　　B．60%

C．70%　　D．80%

17．国务院批准的高新技术产业开发区的高新技术企业，企业所得税减按（　　）的税率征收。

A．10%　　B．15%

C．24%　　D．30%

18．根据企业所得税法规定，下列关于收入确认的说法中，正确的有（　　）。

A．销售商品采用托收承付方式的，在办妥托收手续时确认收入

B．销售商品采取预收款方式的，在收到款项时确认收入

C．销售商品采用支付手续费方式委托代销的，在收到代销货款时确认收入

D．为特定客户开发软件的收费，应根据开发的完工进度确认收入

19．纳税人提供的下列劳务中，按照完工进度确认收入实现的有（　　）。

A．广告制作费　　B．安装费

C．服务费　　D．软件费

20．以下属于企业所得税中不征税收入的有（　　）。

A．企业根据法律、行政法规等有关规定，代政府收取的具有专项用途的财政资金

B．符合条件的非营利组织的收入

C．企业取得的，经国务院批准的财政、税务主管部门规定专项用途的财政性资金

D．国债利息收入

21．可以在计算企业所得税应纳税所得额前扣除的税金有（　　）。

A．资源税　　B．增值税

C．消费税　　D．房产税

22．下列选项中，在计算企业所得税时需进行调整的是（　　）。

A．公益性捐赠　　B．业务招待费

C．职工工会经费　　D．职工教育经费

23．下列选项中，在计算企业所得税应纳税所得额时，不能在收入总额中扣除的有（　　）。

A．非公益、非救济性捐赠　　B．开发无形资产未形成资产的部分

C．各种非广告性质的赞助支出　　D．税收滞纳金、罚款、罚金

24．下列关于企业手续费及佣金支出税前扣除的规定，表述正确的是（　　）。

A．财产保险企业按当年全部保费收入扣除退保金等后余额的15%计算限额，人身保险企业按当年全部保费收入扣除退保金等后余额的10%计算限额

B．非保险企业，按与具有合法经营资格中介服务机构或个人（不含交易双方及其雇员、代理人和代表人等）所签订服务协议或合同确认的收入金额的10%计算限额

C．企业计入固定资产、无形资产等相关资产的手续费及佣金支出，在发生当期直接扣除

D．企业以现金等非转账方式支付的手续费及佣金不得在税前扣除

25．根据企业所得税法规定，某国家重点扶持的高新技术企业，××08年亏损15万元，××09年亏损10万元，××10年盈利125万元，根据企业所得税法规定，企业××10年应纳企业所得税税额为（　　）万元。

A．18.75　　B．17.25

C．15　　D．25

26．纳税人在生产、经营期间，向金融机构借款的利息，在缴纳企业所得税前可以扣除的方法为（　　）。

A．按 50% 扣除　　B．按 30% 扣除

C．按实际发生额扣除　　D．不能扣除

三、判断题

1．企业所得税属于一种间接税。（　）

2．企业所得税中，居民企业和非居民企业都要承担无限纳税义务。（　）

3．企业发生的支出都可以在应纳税所得额中扣除。（　）

4．企业发生劳动保护性支出，在应纳税所得额中准予扣除。（　）

5．在计算企业所得税时，企业发生的公益性捐赠支出，不超过当年应纳税所得额 12% 的部分，准予扣除。（　）

6．依照外国（地区）法律成立但实际管理机构在中国境内的企业是居民纳税人。（　）

7．股息、红利等权益性投资收益，除国务院财政、税务主管部门另有规定外，按照被投资方作出利润分配决定的日期确认收入的实现。（　）

8．企业对外投资期间，投资资产的成本在计算应纳税所得额时可以扣除。（　）

9．非居民企业获得的股息、红利等权益性收益都可以免税。（　）

10．工资薪金支出要受到计税工资的限制。（　）

11．关联方的独立交易原则，是指没有关联关系的交易各方，按照公平成交价格和营业常规进行业务往来遵循的原则。（　）

12．目前，我国企业所得税实行的税率是比例税率与超额累进税率相相合的税率形式。（　）

13．企业的不征税收入用于支出所形成的资产，其计算的折旧、摊销不得在计算应纳税所得额时扣除。（　）

14．纳税人违反国家有关法律法规规定，补交有关部门处以的罚款允许在企业所得税前扣除。（　）

15．外商投资企业安置残疾人员及国家鼓励安置的其他就业人员所支付的工资，可以全额扣除，不加计扣除。（　）

16．非金融企业向非金融企业借款的利息支出可以全额在企业所得税前扣除。（　）

17．小型微利企业减按 15% 的所得税率征收企业所得税。（　）

18．企业因以前年度实际资产损失在税前扣除而多缴的企业所得税税款，可在追补确认年度企业所得税应纳税款中予以抵扣，不足抵扣的，向以后年度递延抵扣。（　）

19．企业在计算应纳税所得额时已经扣除的资产损失，在以后纳税年度全部或者部分收回时，其收回的部分应当作为收入计入收回当期的应纳税所得额。（　）

20．在计算应纳税所得额时，企业财务、会计处理办法与税收法律、行政法规规定不一致的，应当依照会计处理办法计算。（　）

21．税收抵免中，当年超过抵免限额的部分，可以在以后五个年度内，用每年年度抵免限额抵免当年应抵税额后的余额进行抵补。（　）

22．企业在货币交易中，以及纳税年度终了时将人民币以外的货币资产、负债按照期末即期人民币汇率中间价折算为人民币时产生的汇兑损失，除已经计入有关资产成本以及与向所有者进行利润分配相关的部分外，准予扣除。（　）

四、简答题

1. 简述企业所得税概念和特点。

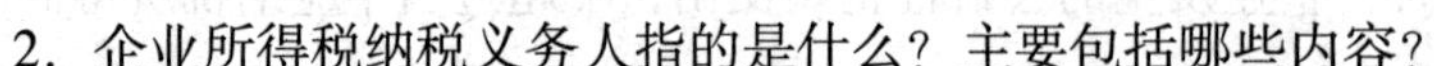

2. 企业所得税纳税义务人指的是什么？主要包括哪些内容？

3. 什么是免税收入？什么是不征税收入？

4. 企业所得税税前可扣除的业务招待费、公益性捐赠、广告宣传费等方面是如何规定的？

5. 企业所得税优惠政策规定的优惠方式主要有哪些？分别在计算应纳所得税的哪些环节实现？

6. 简述企业应纳所得税的计算步骤。

五、计算题

1. 某居民企业，×× 年度计入成本、费用的实发工资总额为 300 万元（其中临时工工资 20 万元），拨缴职工工会经费 5 万元，支出职工福利费 45 万元、职工教育经费 15 万元。

要求：计算该企业 ×× 年度准予所得税前扣除额。

2. 某居民企业，×× 年度实际发生合理的工资支出 100 万元，其中临时工、实习生工资支出 10 万元，职工福利费支出 18 万元。

要求：计算该企业 ×× 年度应纳税所得额的调整数额。

3．某商贸企业 ×× 年度销售收入情况如下：开具增值税专用发票的收入 2 000 万元，开具增值税普通发票的金额 928 万元。企业发生管理费用 110 万元（其中：业务招待费 20 万元），发生销售费用 600 万元（其中：广告费 300 万元、业务宣传费 180 万元），发生财务费用 200 万元。

要求：计算准予在企业所得税前扣除的期间费用。

4．某企业 ×× 年 3 月 1 日向其控股公司借入经营性资金 400 万元，借款期 1 年，当年支付利息费用 28 万元。假定当年银行同期同类贷款年利息率为 6%，不考虑其他纳税调整事项。

要求：计算该企业税前应调整的利息费用。

5．某工业企业 ×× 年度全年销售收入为 1 000 万元，转让无形资产收入 100 万元，提供加工劳务收入 150 万元，变卖固定资产收入 30 万元，视同销售收入 100 万元，当年发生业务招待费 10 万元。

要求：计算该企业 ×× 年度所得税前可以扣除的业务招待费用。

6. 某居民企业 ×× 年度产品销售收入 5 100 万元，车队对外提供运输服务时取得运费收入 190 万元，仓库对外出租的收入是 550 万元，转让无形资产收入 200 万元，国债利息收入 60 万元，将自产产品用于利润分配确认收入 50 万元。当年发生管理费用 450 万元，其中，业务招待费 70 万元；销售费用 900 万元，全部为广告费和业务宣传费；财务费用 260 万元，其中向非金融企业借款 1 000 万元，利息费用 80 万元（金融机构同类、同期贷款利率 7%）。

要求：计算该企业 ×× 年度所得税前扣除的期间费用。

7. 某企业 ×× 年度主营业务收入 980 万元，主营业务成本 680 万元，转让专利技术取得收入 500 万元，成本 248 万元，消费税及附加 50 万元，从境内居民企业分回投资收益 50 万元，国库券转让收益 25 万元；境外投资企业亏损 40 万元。

要求：计算该企业 ×× 年度应缴纳企业所得税。

8. 某企业 ×× 年度实现利润总额 20 万元。经审核，在“财务费用”账户中扣除了两次利息费用：一次向银行借入流动资金 200 万元，借款期限 6 个月，支付利息费用 4.5 万元；另一次经批准向职工借入流动资金 50 万元，借款期限 6 个月，支付利息费用 2 万元。在“营业外支出”账户中扣除了直接向贫困地区的捐款 5 万元。假定不存在其他纳税调整事项。

要求：计算该企业 ×× 年度应缴纳企业所得税。

9. 假定某企业 ×× 年度取得主营业务收入 3 000 万元，转让国债取得净收益 520 万元，其他业务收入 120 万元，与收入配比的成本 2 150 万元，全年发生销售费用 410 万元（其中广告费支出 120 万元），管理费用 230 万元（其中业务招待费支出 24 万元），利息费用 170 万元，营业外支出 70 万元（其中公益捐款支出 40 万元）。假设不存在其他纳税事项。

要求：计算该企业 ×× 年度应缴纳企业所得税。

10. ×××4 年 1 月 1 日起甲企业开始筹建，筹建期为 1 年，筹建期间发生开办费支出 300 万元，其中业务招待费支出 50 万元，×××5 年年初开始生产经营，取得营业收入 1 000 万元，该企业选择将开办费一次性在税前扣除。

要求：计算 ×××5 年该企业可以扣除的开办费。

11. ×× 年度，某生产企业财务资料显示，当年开具增值税专用发票取得收入 2 060 万元，另外从事运输服务实现收入 220 万元。收入对应的销售成本和运输成本合计为 1 550 万元，期间费用、税金及附加为 200 万元，营业外支出 100 万元（其中 90 万元为公益性捐赠支出），上年度企业自行计算亏损 50 万元，经税务机关核定的亏损为 30 万元。

要求：计算该企业 ×× 年度在所得税前可以扣除的捐赠支出。

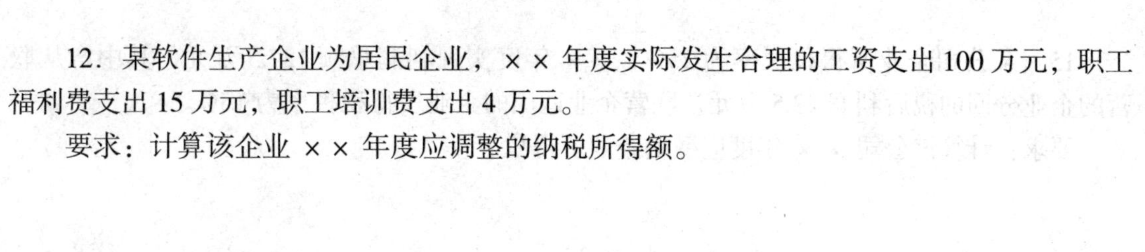
12．某软件生产企业为居民企业，××年度实际发生合理的工资支出100万元，职工福利费支出15万元，职工培训费支出4万元。

要求：计算该企业××年度应调整的纳税所得额。

13．某企业××年度境内应纳税所得额为400万元，已预缴税款25万元，来源于境外某国税前所得100万元，境外实纳税款20万元。

要求：计算该企业××年度汇算清缴应补（退）的税款。

14．某白酒生产企业因扩大生产规模新建厂房，由于自有资金不足，于××年1月1日向银行借入长期借款3 000万元，贷款年利率是4.2%。××年4月1日该厂房开始建设。

要求：计算该企业××年度可以在税前直接扣除的该项借款费用。

15．某公司企业所得税税率为 25%，××年度实现利润总额 127.5 万元，其中含从联营的企业分回的税后利润 42.5 万元，联营企业适用的企业所得税税率为 15%。

要求：计算该公司××年度应缴纳企业所得税。

16．××年度某居民企业向主管税务机关申报收入总额 120 万元，成本费用支出总额 127.5 万元，全年亏损 7.5 万元。经税务机关检查，成本费用支出核算准确，但收入总额不能确定。税务机关对该企业采取核定征税办法，应税所得率和所得税率均为 25%。

要求：计算该企业××年度应缴纳企业所得税。

17．××年度某居民企业向主管税务机关申报收入总额 120 万元，成本费用支出总额 127.5 万元，全年亏损 7.5 万元。经税务机关检查，收入总额核算准确，成本费用支出不能确定。税务机关对该企业采取核定征税办法，应税所得率和所得税率均为 25%。

要求：计算该企业××年度应缴纳企业所得税。

18. 某符合条件的小型微利企业经主管税务机关核定，××18 年度亏损 25 万元，××19 年度盈利 30 万元。

要求：计算该企业 ××19 年度应缴纳企业所得税。

六、综合题

1. 某机械制造有限公司为增值税一般纳税人，×× 年度生产经营情况如下：

（1）销售产品取得不含税收入 9 000 万元。

（2）产品销售成本 3 300 万元。

（3）税金及附加 200 万元。

（4）销售费用 1 000 万元（其中广告费 350 万元）。

（5）财务费用 200 万元。

（6）管理费用 1 200 万元（其中业务招待费 85 万元，新产品研究开发费 30 万元）。

（7）营业外支出 800 万元（其中通过政府部门向贫困地区捐款 150 万元，存货盘亏损失 60 万元，赞助支出 50 万元）。

（8）全年提取并实际支付工资 1 000 万元，职工工会经费、职工教育经费、职工福利费 140 万元，分别按工资总额的 2%、2.5%、14% 的比例提取，并且都已实际支出。

（9）经税务机关核定，该企业当年合理的工资支出标准是 800 万元，已知期间费用中未包含工资和三项经费。

要求：根据上述资料，计算该企业：

（1）所得税前可以扣除的期间费用。

（2）准予扣除的营业外支出。

（3）准予扣除工资和三项经费。

（4）应缴纳企业所得税。

2. 某中外合资家电生产企业，×× 年度销售产品取得不含税收入 2 500 万元，会计利润 600 万元，已预缴所得税 150 万元。经税务机关审核，发现以下问题：

（1）期间费用中广告费 450 万元、业务招待费 15 万元、研究开发费用 20 万元。

（2）营业外支出 50 万元（含通过公益性社会团体向贫困山区捐款 30 万元，直接捐赠 6 万元）。

（3）计入成本、费用中的实发工资总额 150 万元，拨缴职工工会经费 3 万元，支付职工福利费和职工教育经费 29 万元。

（4）7 月购置并投入使用的安全生产专用设备，企业未进行账务处理，购置设备投资额 81.9 万元，预计使用 10 年，假定不考虑增值税的影响。

（5）在 A 国设有分支机构，该机构当年应纳税所得额 300 万元，其中生产经营所得 200 万元，A 国规定税率为 20%；特许权使用费所得 100 万元，A 国规定的税率为 30%；从 A 国分回税后利润 230 万元，尚未入账处理。

已知三项经费均超过税法规定的扣除标准。

要求：根据上述资料进行如下计算：

（1）广告费、业务招待费的税前调整额。

（2）对外捐赠的纳税调整额。

（3）三项经费应调增所得额。

（4）境内所得应纳税所得额。

（5）A 国分支机构在我国应补缴企业所得税额。

（6）年终汇算清缴实际缴纳的企业所得税。

3．某企业为居民纳税人，所得税税率为 25%，×× 年度该企业有关经营情况如下：

（1）全年实现产品销售收入 6 800 万元，取得国债利息收入 120 万元。

（2）全年产品销售成本 3 680 万元。

（3）全年税金及附加 129.9 万元，其中，上缴消费税 81 万元，城市维护建设税 34.23 万元，消费税附加 14.67 万元。

（4）全年产品销售费用 1 300 万元，其中广告宣传费用 1 150 万元。

（5）全年管理费用 1 280 万元，其中业务招待费用 84 万元，新产品研究开发费用 150 万元。

（6）全年财务费用 90 万元，其中，6 月 1 日向非金融机构借款 500 万元用于生产经营，借款期 6 个月，支付利息 25 万元，贷款年利率 8%。

（7）企业在册职工 250 人，本年工资支出 1 780 万元，发生职工福利费 260 万元，职工教育经费 40 万元，拨缴职工工会经费 35.6 万元，已取得专用收据。上述职工薪酬支出已包含在各项成本费用中。

（8）全年营业外支出 36 万元，其中违反政府规定被市场监督管理局罚款 3 万元，直接向某困难地区捐赠支出 5 万元。

要求：

（1）计算该企业 ×× 年度利润总额。

（2）在利润总额的基础上进行纳税调整，计算该企业 ×× 年度应缴纳企业所得税。

第六章　个人所得税

一、填空题

1. 个人所得税的纳税人分为__________和__________两种。

2. 个人购买社会福利有奖募捐奖券、中国体育彩票，一次中奖收入不超过________的，免征个人所得税，超过________的，应以全额按偶然所得项目计税，税率为____________。

3. 个人所得税起征点为__________。

4. 根据个人所得税法规定，对稿酬所得一次收入实行______________________________。

5. 由于个人所得税采取__________的办法，每项个人收入的扣除范围、扣除标准、税率和计算方法也不尽相同，应纳所得税额的计算方法存在差异。

6. 个人所得税应纳税所得额，针对不同的应纳税所得项目采用三种不同的扣除方法，即__________、__________和__________方法。

7. 财产租赁所得，每次收入不超过 4 000 元的，减除费用__________；4 000 元以上的，减除__________的费用，其余额为应纳税所得额。

8. 个人通过公益性的社会团体和国家机关将其所得对教育、扶贫、济困等公益慈善事业进行捐赠，捐赠额未超过纳税人申报的应纳税所得额__________的部分，可以从应纳税所得额中扣除，超过部分不得扣除。

9. 个人所得税的纳税申报方式主要有两种：一是__________，二是__________。

10. 从中国境外取得所得的纳税义务人，应当在年度终了后________内，将应纳税款缴入国库，并向税务机关报送纳税申报表。

二、不定项选择题（将正确答案前面的字母填入括号内）

1. 我国个人所得税采用（　　）的征收制。

A. 差别　　B. 总量

C. 分项　　D. 平等

2. 我国以自然人居民和非居民纳税人的划分标准是（　　）。

A. 习惯性住所标准　　B. 时间标准

C. 永久住所标准　　D. 习惯性住所和时间标准

3. 判断（　　），是确定该项所得是否应该征收个人所得税的重要依据。

A. 有无住所　　B. 所得来源地

C. 工作时间　　D. 居住时间

4. 在商品营销活动中，企事业单位对营销业绩突出的职工以培训班、研讨会、工作考察等名义组织旅游活动，通过免收差旅费、旅游费对雇员实行营销业绩奖励，应按（　　）征收个人所得税。

A. 劳务报酬所得　　B. 股息、红利所得

C. 工资、薪金所得　　D. 其他所得

5. 下列不构成工资、薪金所得的项目是（　　）。

A．加班费　　B．特殊工补助

C．托儿补助费　　D．奖金

6．工资、薪金所得和劳务报酬所得的区别在于（　　）。

A．是否为独立个人劳务活动

B．是否取得劳务许可

C．是否与购买劳务单位或个人签订长期合同

D．报酬的高低

7．下列不属于特许权使用费所得的是（　　）。

A．专利权所得　　B．商标权所得

C．著作权所得　　D．稿酬所得

8．下列不适用 20% 税率的个人所得税项目有（　　）。

A．财产租赁所得　　B．财产转让所得

C．出租居民住房所得　　D．偶然所得

9．个人所得税的纳税义务人，包括（　　）。

A．个体工商户　　B．在中国有所得的外籍人员

C．中国香港、澳门、台湾同胞　　D．中国贫民

10．下列所得项目按次计算征税的有（　　）。

A．劳务报酬所得和稿酬所得　　B．特许权使用费所得和财产租赁所得

C．利息、股息、红利所得　　D．偶然所得和其他所得

11．下列所得中，免征个人所得税的是（　　）。

A．加班工资　　B．年终奖

C．残疾人员所得　　D．离休工资

12．下列所得中，应纳个人所得税的是（　　）。

A．县级人民政府发放的先进个人奖　　B．保险赔款

C．退休工资　　D．抚恤金

13．根据个人所得税法规定，下列不适用附加减除费用的是（　　）。

A．华侨和港、澳、台同胞

B．在我国的外商投资企业取得工资、薪金的中方雇员

C．应聘在我国企事业单位、社会团体、国家机关中工作的外籍专家

D．远洋运输船员

14．下列选项中，不适用 5% ~ 35% 超额累进税率计征个人所得税的是（　　）。

A．个体工商户的生产经营所得　　B．个人独资企业的生产经营所得

C．对企事业单位的承包经营所得　　D．劳务报酬所得

15．下列利息中，需要缴纳个人所得税的是（　　）。

A．员工对外借款取得的利息

B．居民获得储蓄存款利息

C．个人取得的国家发行的金融债券利息

D．个人取得的教育储蓄存款利息

16．残疾人个人取得的下列所得中，可减征个人所得税的是（　　）。

A．偶然所得　　B．财产转让所得

C．特许权使用费所得　　　　D．其他所得

17．下列选项中，应按照“财产转让所得”项目征收个人所得税的有（　　）取得的所得。

A．个人转让公司债券　　　　B．个人在杂志上发表散文

C．将苏东坡的书法作品拍卖　　　　D．个人将自己的商业用房转让

18．下列选项中，以取得的收入为应纳税所得额直接计征个人所得税的有（　　）。

A．稿酬所得　　　　B．偶然所得

C．特许权使用费所得　　　　D．其他所得

19．下列关于特殊行业的个人所得税的表述中，正确的有（　　）。

A．纳税人在广告设计、制作、发布过程中提供名义、形象而取得的所得，按“劳务报酬所得”项目计征个人所得税

B．演员参加非任职单位的演出取得的报酬，按“劳务报酬所得”项目计征个人所得税

C．兼职律师从律师事务所取得的工资，不扣除个人所得税中规定的费用标准，以分成收入扣除办案费用后的余额确定税率计算个人所得税

D．律师从接受法律服务的当事人处取得的法律顾问费，按“劳务报酬所得”项目计征个人所得税

20．个人取得下列各项所得中，必须自行申报纳税的有（　　）。

A．从两处或两处以上取得劳务报酬所得

B．取得应税所得，没有扣缴义务人

C．从中国境外取得所得的

D．年所得 12 万元以上的

三、判断题

1．对中国境内居住的个人所得要征个人所得税，不在中国境内居住的个人从中国取得所得不征收个人所得税。（　　）

2．我国个人所得税法规定的居民纳税人是在中国境内有住所并且居住时间满一个纳税年度的个人。（　　）

3．区分为居民和非居民的目的在于确定其应承担相应的纳税义务。（　　）

4．在计算居住天数时，对临时离境应视同在华居住，不扣减在华居住的天数。（　　）

5．非居民个人，是指在中国境内无住所又不居住，或者无住所而一个纳税年度内在中国境内居住累计不满 183 天的个人。（　　）

6．工资、薪金所得，以纳税人在任职、受雇单位的所在地，作为所得来源地。（　　）

7．外国人在中国境内获得的奖金所得、中奖所得和中彩所得属于偶然所得，不征个人所得税。（　　）

8．年终加薪、劳动分红、津贴和补贴不分种类和取得情况，一律按工资、薪金所得课征个人所得税。（　　）

9．工资、薪金所得和劳务报酬所得的区别在于报酬的高低。（　　）

10．翻译、审稿、书画所得为稿酬所得。（　　）

11．作者将自己文字作品手稿原件或复印件公开拍卖（竞价）取得的所得，应按特许

权使用费所得项目计税。 ( )

12. 个人拥有债权、股权而取得的利息、股息、红利所得以及银行存款利息免征个人所得税。 ( )

13. 个人取得劳务报酬收入的应纳税所得额一次超过 2 万元但少于 5 万元的部分，按税法规定计算的税额，加征 5 成；超过 5 万元的部分，加征 10 成。 ( )

14. 获取奥运会体育奖金免征个人所得税，但全运会获取的体育奖金应按偶然所得征收 20% 的个人所得税。 ( )

15. 获得国务院发给的政府特殊津贴，一般应合并在工资所得中缴纳个人所得税。 ( )

16. 按照国家统一规定发给干部、职工的安家费、退职费、退休工资、离休工资免征个人所得税，但发给的离休生活补助费需缴纳个人所得税。 ( )

17. 个人举报、协查各种违法、犯罪行为而获得的奖金以及个人购买福利彩票、体育彩票的中奖收入，免征个人所得税。 ( )

18. 工资、薪金所得，先减去个人按政府规定标准缴纳或承担的基本养老保险金、医疗保险金、住房公积金，再减去费用扣除额 5 000 元 / 月的剩余部分为应纳税所得额。 ( )

四、简答题

1. 简述居民纳税人和非居民纳税人的含义。

2. 个人的哪些所得应缴纳个人所得税？

3. 对企事业单位的承包经营、承租经营所得计算个人所得税是如何规定的？

4. 个人取得的一般性工资、薪金，应如何计算个人所得税？

5. 个人所得税的申报和缴纳方式有哪些？请简要说明。

6. 个人所得税中的工资、薪金所得的课税对象包含哪些方面？

五、计算题

1. 国内某省公民孙某 ××年8月个人收入：工资收入8 500元，扣除“三险一金”920元；一次性取得演讲收入20 000元；购买福利彩票中奖所得30 000元。假设无其他收入和专项附加扣除。

要求：计算孙某当月应纳个人所得税。

2. 程某 ×× 年 1 ~ 12 月份每月工资 0.65 万元，12 月份除当月工资以外，还取得全年一次性奖金 9.6 万元。

要求：计算程某当年年终奖金应纳个人所得税。

3. 伍某 ×× 年 2 月基本工资为 5 000 元，当月加班奖 1 700 元，当月获得上年度全年奖金 12 000 元。假设无其他收入和专项附加扣除。

要求：计算伍某 2 月应纳个人所得税。

4. 某企业高层管理人员李某年薪为 19.8 万元。每月支付“三险一金”4 800 元，专项附加扣除 4 200 元。假设无其他收入和专项附加扣除。

要求：按采取全年一次性发放或将年薪平均分摊到 12 个月平均发放两种方式，分别计算李某应纳个人所得税。

5. 在某省辖市一外商投资企业中工作的德国专家(为非居民纳税人)×× 年3月取得由该企业发放的工资收入15 000元人民币。

要求：计算该德国专家3月应纳个人所得税。

6. 某作者 ×× 年9月在A出版社出版微型小说，获得稿酬8 500元，同一时间，又在B出版社出版论文并取得稿酬3 700元。假设该作者另有工资收入。

要求：计算该作者9月应纳个人所得税。

7. 某建筑公司 ×× 年9月进行企业改制，将一部分职工在不解除劳动合同的情况下，根据他们的剩余工龄发给一次性收入后，办理了退养手续。其中，职工屈某离法定退休期限还差3年整，9月办理退养手续后一次性取得补贴收入15 300元，当月应领工资4 580元。假设无其他收入和专项附加扣除。

要求：计算屈某9月应纳个人所得税。

8. 王某 ×× 年 12 月办理了正式退休手续，每月领取退休工资 5 800 元。次年 1 月 1 日他被另一家公司聘用，每月工资 8 600 元。假设无其他收入和专项附加扣除。

要求：计算次年 1 月王某应纳个人所得税。

9. 某企业雇员颜某 ×× 年 2 月与企业解除劳动合同，颜某在该企业工作 10 年，领取经济补偿 10 万元，领取 2 月份工资 0.55 万元。假定当地上年度职工年平均工资为 1.2 万元，不考虑其他收入和专项附加扣除。

要求：计算颜某 2 月应纳个人所得税。

10. 某个人独资企业，×× 年全年销售收入为 1 000 万元，销售成本和期间费用 760 万元，其中业务招待费 10 万元、广告费 15 万元、业务宣传费 8 万元、投资者工资 2.4 万元，增值税以外的各项税费 150 万元，没有其他涉税收入调整事项。假设该个人没有综合所得，本年度发生“三险一金”支出 7.5 万元，专项附加扣除 5.1 万元。

要求：计算该个人独资企业应纳个人所得税。

11. 吴某为 A 单位员工，×× 年 2 月外派到 B 单位提供技术咨询服务，B 单位向吴某支付报酬 6 000 元。另外，吴某当月还为一私营企业提供技术服务，取得收入 5 000 元。假设吴某在 A 单位工资照发，专项扣除和专项附加扣除在 A 单位计算个税时也已经扣除。

要求：计算吴某当月提供技术服务应纳个人所得税。

12. 某国有企业外聘工程师李某，当月支付李某工资 9 808 元，“三险一金”800 元。合同规定，李某的个人所得税由企业负担。假设李某无专项附加扣除项目。

要求：计算企业为李某负担的个人所得税。

13. 国外某公司技术人员 W 先生 ×× 年 12 月 11 日到中国境内一厂家提供技术服务（假设不考虑“三险一金”和专项附加扣除），合同约定日工资 450 美元。W 先生在该厂工作 10 日后离开。假设汇率为 1 美元等于 6.5 元人民币。

要求：计算 W 先生 12 月应纳个人所得税。

14. ×× 年 2 月，某歌星为某市大型活动演出，取得演出费 10 万元。

要求：计算该歌星本次演出应纳个人所得税。

15. 某高校教授为某 4A 级景区进行一项工程设计，合同约定，景区支付给教授劳务报酬 6.8 万元（税后）。

要求：计算该景区代付的个人所得税。

16. 某企业总工程师张某转让一项专利权，取得转让收入 15 万元，专利开发费用支出 1 万元。

要求：计算张某当月该笔收入应纳个人所得税。

17．张先生 ×× 年 8 月从 A 上市公司取得股息所得 16 000 元，从 B 非上市公司取得股息所得 7 000 元，取得到期的一年期银行储蓄存款利息所得 1 500 元。

要求：计算张先生所得应纳个人所得税。

18．某学校教师于 ×× 年 3 月购入企业债券 2 000 张，每张买入价 65 元，另付买入债券的税费共计 260 元。本月内将买入的债券一次卖出 1 600 张，每张卖出价 85 元，另付卖出债券的税费共计 272 元。10 月末债券到期，获得债券利息收入 4 500 元。

要求：计算其应纳个人所得税。

19．×× 年 3 月胡某转让 6 年前购买的房屋一套，售价 210 万元，转让过程中支付相关税费 8.4 万元。该套房屋的购进价为 98 万元，购房过程中支付相关税费 3.92 万元。

要求：计算胡某应纳个人所得税。

20．某居民 ×× 年 6 月将自有住房出租，月租金 4 600 元。8 月因故修理此房屋，该居民支付修理费 1 300 元（取得合法发票）。10 月因市场行情下跌，月租金减为 3 900 元。假设出租住房个人所得税率为 10%。

要求：分别计算 8、9、10 月三个月每月该居民应交房屋租金收入的个人所得税。

六、综合题

1．某集团公司高管范某 ×× 年全年取得的收入情况如下：

（1）工资收入 165 600 元，奖金 30 000 元，岗位津贴 36 000 元。当年按规定扣缴住房公积金 8 160 元，基本养老保险金 13 248 元，医疗保险金 3 312 元。专项附加扣除 50 400 元。

（2）当年 6 月份一次性取得演讲收入 25 000 元。

（3）当年 10 月份出版学术专著一部，取得稿酬 90 000 元。

（4）当年 11 月份购买福利彩票中奖所得 50 000 元。

（5）全年累计已预扣预缴个人所得税 20 428 元，其中假设综合所得已纳税 10 428 元。

要求：对范某进行汇算，确认其退、补个人所得税。

2. 自由职业者王某，××年度平时无工资薪金收入，全年发生“三金一险”支出36 000元。经审核符合专项附加扣除标准为48 000元。假设王某在取得收入时，支付方代扣个人所得税均未作税前任何扣除。其全年的收入情况如下：

（1）3月份出版小说取得稿酬180 000元，11月份该小说加印并在某报刊连载，分别取得稿酬110 000元和23 800元。

（2）4月份为某出版社进行教材审核，取得审稿收入55 000元。

（3）5月份担任临时翻译取得收入63 000元。

（4）10月份在A国讲学取得收入300 000元；在B国进行书画展卖，现场作画取得收入670 000元，已分别按收入来源国税法规定缴纳了个人所得税65 000元和230 000元。

要求：分别计算王某当年各月收入应纳个人所得税并进行年终汇算。

第七章 其 他 税

一、填空题

1．资源税是以各种__________为课税对象的一种税。但目前我国资源税的征收仅限于__________和__________。

2．固体盐的税率为__________。

3．__________是对城市、县城、建制镇和工矿区范围内使用国有土地的单位和个人，就其使用土地的面积，按规定的税额征收的一种税。

4．城镇土地使用税的纳税依据为____________________。

5．经济落后地区的税额标准报经省级、自治区、直辖市人民政府批准可以降低，但不能低于规定的最低标准的__________。

6．经批准开山填海整治的土地和改造的废弃土地，从使用月份起免缴城镇土地使用税________年。

7．房产税采用______税率，其中对依照房产余值计算缴纳的，税率为______；对依照房产的租金收入计算缴纳的，税率为______；但对个人按市场价格出租的居民住房，可暂按______的税率征收房产税。

8．《中华人民共和国房产税暂行条例实施细则》规定，房产税依照房产原值一次减除________后的余值计算缴纳。

9．房产税实行__________，分期缴纳。纳税期限由__________________________确定，既可按季缴纳，也可以分上、下半年两次缴纳。

10．__________指对在中华人民共和国境内应依法到公安、交通、农业、渔业、军事等管理部门办理登记的车辆、船舶，根据其种类，按照规定的计税依据和年税额标准计算征收的一种财产税。

11．车船税的税目分为5大类，包括__________、__________、其他车辆、___________和__________。

12．车船税纳税义务发生时间为取得车船所有权或者管理权的__________。

13．在一个纳税年度内，已经缴纳车船税的车船变更所有权或管理权的，地方税务机关对原车船所有人或管理人不予办理__________，对现车船所有人或管理人也不再____________________。

14．__________是对经济活动和经济交往中书立、领受的各种应税凭证的单位和个人就其书立、领受的应税凭证征收的一种税。

15．印花税本着“________________”的原则，所以税率很低。

16．__________是缴纳印花税的完税凭证，由__________负责监制。

17．__________是在土地、房屋权属转移变动时按当事人双方所订契约中不动产的价格的一定比例向产权承受人征收的一种税。

18．契税的税率为____________________。

19．依照我国有关法律规定以及我国缔结或参加的双边和多边条约或协定的规定应当予以免税的外国驻华使馆、领事馆、联合国驻华机构及其外交代表、领事官员和其他外交人员承受土地、房屋权属的，经________确认，可以免征契税。

20. 契税纳税期限自纳税义务发生之日起________内，向土地、房屋所在地的契税征收机关办理纳税申报，并在契税征收机关核定的期限内缴纳税款。

21. 城建税是根据城市维护建设资金的不同层次的需要而设计的，纳税人所在地在市区的，税率为______；纳税人所在地在县城、县属镇的，税率为______；纳税人所在地不在市区、县城、县属镇的，税率为______。

22. 城市维护建设税是以__________为计税依据并同时征收，一般不再规定减免。

23. 任何单位或个人，只要缴纳__________中的一种，就必须同时缴纳城市维护建设税。

24. ________是指转让国有土地使用权、地上的建筑物及其附着物并取得收入的单位和个人，以转让所取得的收入包括货币收入、实物收入和其他收入减除法定扣除项目金额后的增值额为计税依据向国家缴纳的一种税赋。

25. 土地增值税实行________税率，即根据转让房地产的增值率来确定税率。

26. 土地增值税中，土地增值额超过扣除项目金额 50%，未超过 100%（含 100%）的部分，税率为______，扣除率为______。

二、不定项选择题（将正确答案前面的字母填入括号内）

1. 资源税是以各种自然资源为课税对象的一种税。下列产品中，征收资源税的有（　　）。

A. 铜矿石　　B. 锡矿石

C. 出口的海盐　　D. 中外合资开采的石油、天然气

2. 在中华人民共和国领域及管辖海域从事应税资源开采或生产而进行销售或自用的所有单位和个人，为资源税的纳税义务人。下列选项中，属于资源税纳税人的有（　　）。

A. 开采原煤的国有企业　　B. 进口铁矿石的私营企业

C. 生产石灰石的个体经营者　　D. 开采天然原油的外商投资企业

3. 资源税应在（　　）环节缴纳。

A. 生产销售　　B. 批发

C. 运输　　D. 最终消费

4. 根据现行资源税法规定，下列说法错误的是（　　）。

A. 我国目前的资源税只对部分资源征收，体现了特定征收的立法原则

B. 资源税的立法原则充分体现了级差调节

C. 资源税实行从量定额征收

D. 资源税征税范围包括矿产品和水资源

5. 下列选项中，应当缴纳城镇土地使用税的是（　　）。

A. 天安门广场用地　　B. 某农村造纸厂用地

C. 某工矿区的产品仓库用地　　D. 某矿石场用地

6. 下列选项中，可以免征城镇土地使用税的有（　　）。

A. 财政拨付事业经费单位的食堂用地　　B. 名胜古迹场所设立的照相馆用地

C. 中国银行的营业用地　　D. 宗教寺庙人员在寺庙内的生活用地

7. 下列关于城镇土地使用税的计税依据正确的有（　　）。

A. 城镇土地使用税以纳税人实际占用的土地面积（平方米）为计税依据

B. 纳税人实际占用的土地面积，是指由省、自治区、直辖市人民政府确定的单位组织测定的土地面积

C. 尚未组织测量，但纳税人持有政府部门核发的土地使用证书的，以证书确认的土地面积为准

D. 尚未核发土地使用证书的，应由纳税人申请税务机关核定土地面积，据以纳税，待核发土地使用证以后再作调整

8. 下列属于城镇土地使用税纳税人的是（　　）。

A. 位于市区拥有土地使用权的外商投资企业

B. 位于郊区的内资企业

C. 城市共有土地使用权的企业

D. 城市、县城、建制镇和工矿区外的工矿企业

9. 下列选项中，符合房产税纳税义务人规定的是（　　）。

A. 产权属于集体所有的房产出租的，由承租人缴纳房产税

B. 房屋产权出典的，由出典人缴纳房产税

C. 房屋租典纠纷未解决的，由房屋代管人或使用人缴纳房产税

D. 房屋产权属于国家所有的，不缴纳房产税

10. 下列选项中，关于房产税的免税规定表述不正确的是（　　）。

A. 个人所有的非营业用房屋，一律免征房产税

B. 对在基建工地为基建工地服务的各种工棚、材料棚，一律免征房产税

C. 从事热力生产并直接向居民供热的企业的自用房产，免征房产税

D. 对宗教寺庙、公园、名胜古迹进行宗教仪式用地免征房产税

11. 以下属于房产税征收范围，应纳房产税的是（　　）。

A. 某市的露天游泳池

B. 工矿区的砖瓦石灰窑

C. 建制镇内的房屋

D. 房地产开发的待售商品房

12. 房产不在同一地方的纳税人，应（　　）的税务机关缴纳房产税。

A. 向户口所在地

B. 向纳税人居住的房产所在地

C. 按房产的坐落地点，分别向房产所在地

D. 按房产的坐落地点，选择一处房产所在地

13. 下列车船应计算缴纳车船税的是（　　）。

A. 军队专用车船　　B. 法院的警用车辆

C. 人力三轮车　　D. 企业接送职工上下班的班车

14. 车辆适用的车船税率形式是（　　）。

A. 比例税率　　B. 分类分项幅度税额

C. 超率累进税率　　D. 超额累进税率

15．依据车船税的相关规定，对城市、农村公共交通车船可给予定期减税、免税的优惠，有权确定定期减税免税的部门是（　　）。

A．省级人民政府　　B．省级税务机关

C．县级人民政府　　D．县级税务机关

16．以下对车船税的理解正确的有（　　）。

A．车船税的纳税义务发生时间，为车船管理部门核发的车船登记证书或行驶证书所记载日期的次月

B．扣缴义务人应当及时解缴代收代缴的税款，并向地方税务机关申报

C．跨省、自治区、直辖市使用的车船，纳税地点为车船的登记地

D．车船税的申报纳税期限由省人民政府确定

17．下列属于印花税纳税人的是（　　）。

A．合同担保人　　B．合同鉴定人

C．合同证人　　D．合同签订人

18．下列对印花税凭证处理方法正确的有（　　）。

A．融资租赁合同属租赁合同

B．房屋产权证纳税人是售房单位

C．国外签订的购销合同，在国内使用时，不需要缴纳印花税

D．出版社与发行单位之间的订购单属于购销合同

19．下列选项中，应当征收印花税的项目有（　　）。

A．产品加工合同　　B．法律咨询合同

C．技术开发合同　　D．出版印刷合同

20．采用自行贴花方法缴纳印花税的，纳税人应（　　）。

A．自行申报应税行为　　B．自行计算应纳税额

C．自行购买印花税票　　D．自行一次贴足印花税税票并注销

21．发生下列业务的单位和个人，无须缴纳契税的是（　　）。

A．处置旧楼房的工业企业

B．接受土地使用权投资的某商业企业

C．房产交换中的支付补价方

D．购买商品房的外籍人员

22．对于下列（　　）情况，征收机关可以参照市场价格核定契税的计税依据。

A．甲乙双方交换的房屋价格差额明显不合理且没有正当理由

B．华侨赠送给家乡某企业一栋楼房

C．甲出卖一套房子给乙，因甲乙关系密切，成交价格明显低于市价

D．某学校以明显低于市价的价格购买一栋教学用房

23．下列关于契税纳税人的说法，正确的是（　　）。

A．承受国有土地使用权出让的一方不需缴纳契税

B．以房屋抵债或实物交换房屋，由产权承受人按房屋与债务的差额缴纳契税

C．以自有房屋作股权投入本人经营企业，免纳契税

D．以房产作为投资或作股权转让，由产权出让方按投资房产价值或房产买价缴

纳契税

24．土地使用权交换，若交换价格相等，则（　　）。

A．由交换双方各自交纳契税　　B．由交换双方共同分担契税

C．免征契税　　D．由双方协商一致确定纳税人

25．我国城市维护建设税的税率实行的是（　　）方法。

A．纳税人所属行业差别比例税率　　B．纳税人所在地差别比例税率

C．纳税人所属行业差别累进税率　　D．纳税人所在地差别累进税率

26．（　　）可以作为计算城市维护建设税的依据。

A．补缴的消费税税款　　B．滞纳金

C．因漏缴增值税而交纳的罚款　　D．进口货物缴纳的增值税税款

27．流动经营的单位，在经营地缴纳增值税和消费税的，则其教育费附加应在（　　）缴纳。

A．经营地按当地适用税率计算

B．机构所在地按当地适用税率计算

C．经营地但按机构所在地适用税率计算

D．机构所在地但按经营地适用税率计算

28．以下关于城市维护建设税、教育费附加和地方教育附加的说法，正确的有（　　）。

A．对出口产品退还增值税、消费税的，也应同时退还已缴纳的城市维护建设税

B．进口环节代征增值税也要代征教育费附加和地方教育附加

C．对增值税实行先征后返办法的，一般情况下附征的城市维护建设税不予返还

D．纳税人直接缴纳增值税和消费税的，在缴纳增值税和消费税地缴纳城市维护建设税

29．土地增值税的特点包括（　　）。

A．外资房地产开发企业并不是土地增值税的纳税义务人

B．每发生一次转让行为，就应根据每次取得的增值额征一次税

C．实行超额累进税率

D．以转让房地产取得的增值额为征税对象

30．下列选项中，属于土地增值税征税范围的是（　　）。

A．李某将其位于市区的房产无偿赠送给自己的女儿

B．某企业将其闲置的厂房无偿赠送给其关联企业

C．某企业将其所有的一项土地使用权通过国家机关赠送给学校

D．刘某将其位于市区的住房出租给王某用于居住

31．根据土地增值税的有关规定，以下优惠政策正确的是（　　）。

A．建造高等公寓出售的，增值额未超过扣除项目金额之和 20% 的，予以免税

B．对企事业单位、社会团体以及其他组织转让旧房作为公租房房源，免征土地增值税

C．因国家建设需要依法征用、收回的房地产，免征土地增值税

D．对纳税人既建普通标准住宅，又搞其他房地产开发的，应分别核算增值额，未分别核算增值额或不能准确核算增值额的，其建造的普通标准住宅由各省、自治区、直辖市税务机关确定是否减免

32. 纳税人转让旧房，在计算土地增值税时，允许扣除的项目金额有（　　）。

A. 旧房的账面价值　　B. 旧房的评估价格

C. 转让旧房时缴纳的印花税　　D. 因转让旧房缴纳的城建税及教育费附加

三、判断题

1. 中外合资开采的石油、天然气，属于自然资源，应当征收资源税。（　　）

2. 根据我国资源税相关法律法规规定，资源税的征收范围包括森林资源、海洋资源和水资源。（　　）

3. 应税资源的销售结算方式不同，其纳税义务发生的时间也不相同。（　　）

4. 某农村造纸厂用地，因为属于厂区用地，所以包含在城镇土地使用税纳税范围。（　　）

5. 城镇土地使用税采取有幅度的差别税额，按大、中、小城市和县城、建制镇、工矿区分别确定每平方米土地使用税年应纳税额。（　　）

6. 城镇土地使用税在土地所在地缴纳。若纳税人使用的土地不属于同一省、自治区、直辖市管辖的，由纳税人向其机关所在地或居住地的主管税务机关缴纳。（　　）

7. 中小学校教学用房、大学出租房屋、校办的对外营业的招待所用房都属于免征房产税范围。（　　）

8. 为适应旅游事业的发展，方便游人，寺庙将闲置房屋修缮后提供给游人住宿，收取较低的收入，这部分收入免征房产税。（　　）

9. 依据车船税暂行条例规定，各种消防车船、洒水船、囚车、警车、防疫车、救护车船、垃圾车船、港作车船、工程船属于减免范围。（　　）

10. 对于外地车辆没有缴纳车船税而被本地税务机关稽查的，可以在本地就地征收。（　　）

11. 依据车船税的相关规定，县级政府对本县农村公共交通车船，有权确定给予定期减税、免税的优惠。（　　）

12. 对市内公共汽车、出租汽车可暂免征收车船税。（　　）

13. 应税凭证，凡由两方或两方以上当事人共同书立的，其当事人各方都是印花税纳税人，应各就其所持凭证的计税金额履行纳税义务。（　　）

14. 出于简化纳税手续的考虑，税法规定印花税可采取自行贴花的方法缴纳印花税。（　　）

15. 印花税一般实行就地纳税，但对于全国性的商品物资订货会上签订的合同应纳的印花税，应由纳税人回其所在地后即时办理贴花完税手续。（　　）

16. 某学校以明显低于市价的价格购买一栋教学用房，征收机关可以参照市场价格核定契税的计税依据。（　　）

17. 契税实行3% ~ 5%的幅度税率，各省、自治区、直辖市人民政府可以根据本地区实际情况决定开征与否与适用税率。（　　）

18. 纳税人在签订土地、房屋权属转移合同的当天为契税纳税义务发生时间。（　　）

19. 流动经营等无固定纳税地点的纳税人可按纳税人缴纳的增值税、消费税所在地的规定税率就地缴纳城市维护建设税。（　　）

20. 兼并企业从被兼并企业得到的房地产，按规定应征收土地增值税。（　　）

21．选择土地增值税适用税率的依据是增值额与扣除项目金额之比。（　　）

22．对于不超过商业银行同类同期贷款利率据实列支的利息支出以外的其他房地产开发费用，按照取得土地使用权的金额和房地产开发成本之和，在20%以内计算扣除。（　　）

四、简答题

1．简述资源税减免税政策。

2．城镇土地使用税的计税依据和税额分别是怎么规定的？

3．简述城镇土地使用税减税和免税政策。

4．简述房产税的概念及纳税义务人。

5．车船税税目的具体分类有哪些？

6. 简述车船税的计税依据。

7. 简述印花税免税政策。

8. 什么叫契税？契税的征税对象有哪些？

9. 什么叫城市维护建设税？城市维护建设税的征税范围是什么？

10. 如何确定土地增值税的计税依据？

五、计算题

1. 某盐场本期以自产液体盐60万吨和外购液体盐10万吨（每吨已缴纳资源税2元）加工固体盐12万吨对外销售，取得销售收入600万元。假定固体盐税额为每吨10元。

要求：计算盐场本期应缴纳的资源税。

2. 某油田××年8月生产销售原油5万吨，售价1 500万元，销售人造石油1万吨，售价300万元，销售与原油同时开采的天然气2 000万立方米，售价500万元（售价均不含增值税）。本油田职工生活福利用天然气20万立方米。假定资源税税率为5%。

要求：计算该油田8月应缴纳的资源税。

3. 某钨矿企业××年10月开采钨矿石原矿80 000吨，直接对外销售钨矿石40 000吨，以部分钨矿石入选精矿9 000吨，选矿比为40%。假定钨矿石适用税额为每吨0.6元。

要求：计算该企业10月应缴纳的资源税。

4．某市观光采摘园占地 20 000 平方米，其中水果种植用地 18 000 平方米，行政办公用地 1 500 平方米，观光园附设饮食部占地 500 平方米。假定企业所在地城镇土地使用税单位税额每平方米 5 元。

要求：计算该观光园全年应缴纳的城镇土地使用税。

5．某电厂 ×× 年占地 80 万平方米，其中厂区围墙内占地 40 万平方米，厂区围墙外灰煤场占地 3 万平方米，生活区及其他商业配套设施占地 37 万平方米。假定电厂所在地适用的城镇土地使用税单位税额每平方米 1.5 元。

要求：计算电厂当年应缴纳的城镇土地使用税。

6．某供热企业占地总面积 8 万平方米，厂房占地 6.3 万平方米，其中：武警消防免费使用车间占地 0.3 万平方米，行政办公室占地 0.5 万平方米，厂办子弟学校占地 0.5 万平方米，厂办招待所占地 0.2 万平方米，厂办医院和幼儿园各占地 0.1 万平方米，厂区内绿化用地 0.3 万平方米。假定该企业城镇土地使用税单位税额每平方米 3 元。

要求：计算该企业应缴纳的城镇土地使用税。

7. ××年某企业拥有房产原值8 000万元，其中生产经营用房原值6 500万元，内部职工医院用房原值500万元，托儿所用房原值300万元，超市用房原值700万元。当地政府规定计算房产余值的扣除比例为20%。

要求：计算该企业当年应缴纳的房产税。

8. 某企业在城市市区有三栋房屋，其中两栋原值共400万元的房屋用于本企业生产经营；另一栋房屋出租，年租金收入为20万元。假定当地政府规定允许按房产原值一次扣除30%。

要求：计算该企业当年应缴纳的房产税。

9. 某企业有一栋厂房，原值200万元，××年年初对房屋进行扩建，当年8月底完工并办理验收手续，增加了房产原值45万元。另外对厂房安装了价值15万元的排水设备并单独作固定资产核算。假定当地政府规定房产余值的扣除比例为20%。

要求：计算该企业本年度应缴纳的房产税。

10. 某商厦有一辆客货两用汽车用于为顾客送货，乘客座位 4 人，整备质量 2.5 吨。当地省政府规定，载客 4 人乘用车车船税年税额为 200 元 / 辆，载货汽车为 40 元 / 吨。

要求：计算该商厦每年应缴纳的车船税。

11. 某船运公司 × × 年度拥有旧机动船 10 艘，每艘净吨位 1 500 吨；拥有拖船 2 艘，每艘发动机功率 500 马力（假设 2 马力换算为 1 吨）。当年 8 月新购置机动船 4 艘，每艘净吨位 2 000 吨。该公司船舶适用的年税额为：净吨位 201 ~ 2 000 吨的，每吨 4 元。

要求：计算该船运公司本年度应缴纳的车船税。

12. 某运输公司 × × 年拥有 3 辆四门六座客货两用车，载货自重吨位 3 吨；2 辆四座小轿车。假定该公司所在省规定载货汽车应纳税额每吨 30 元，九座以下乘用汽车年纳税额每辆 420 元。

要求：计算该运输公司本年度应缴纳的车船税。

13. 某中学委托服装厂加工校服，合同约定布料由学校提供，价值50万元，学校另支付加工费10万元。

要求：确定该合同税目并计算应贴多少印花税票。

14. ××年1月，甲公司将闲置厂房出租给乙公司，合同约定每月租金3 000元，租期未定。签订合同时，预收租金8 000元，双方已按规定定额贴了印花税票。6月底合同解除，甲公司收到乙公司补交租金10 000元。

要求：计算6月份应补缴的印花税。

15. 某公司××年10月开业，注册资金220万元，当年发生如下业务活动：

（1）领受工商营业执照、房屋产权证、土地使用证各一份。

（2）建账时共设8个账簿，其中资金账簿中记载实体资本220万元。

（3）签订4份购销合同，共记载金额280万元。

（4）签订1份借款合同，记载金额50万元，当年取得利息0.8万元。

（5）与广告公司签订1份广告制作合同，分别记载加工费3万元、广告公司提供的原材料7万元。

（6）签订1份技术服务合同，记载金额60万元。

（7）签订1份租赁合同，记载金额50万元。

（8）签订1份转让专有技术使用权合同，记载金额150万元。

要求：计算该公司当年应缴纳的印花税。

16. 甲、乙两人交换房产，甲房产价值500万元，乙房产价值350万元，乙支付补价款150万元。假定甲乙双方所在地政府规定的契税税率为3%。

要求：计算甲乙双方共需要缴纳的契税。

17. 居民甲购置了一套价值100万元的新住房，同时处理原有两套住房，一套出售给居民乙，成交价格50万元，另一套市场价格80万元的住房与居民丙进行等价交换。假定当地省政府规定的契税税率为4%。

要求：计算居民甲当年应缴纳的契税。

18. 居民乙因拖欠居民甲180万元款项无力偿还，经当地有关部门调解，以房产抵偿该笔债务，居民甲因此取得该房产的产权并支付给居民乙差价款20万元。假定当地省政府规定的契税税率为5%。

要求：计算居民乙应缴纳的契税。

19. 市区某生产企业为增值税一般纳税人，经营内销与出口业务，××年4月实际缴纳增值税50万元，出口货物免抵税额6万元，另外进口货物缴纳增值税20万元、消费税35万元。

要求：计算该企业4月应缴纳的城市维护建设税。

20. 某市企业××年5月在税务检查中，被查补缴增值税60 000元、消费税30 000元、所得税20 000元，被加收滞纳金3 000元，被处罚款6 000元。假定该企业所在城市的城市维护建设税税率为7%，教育费附加率为3%。

要求：计算该企业应补缴的城市维护建设税和教育费附加。

21. 某地级市卷烟厂委托县卷烟厂加工一般雪茄烟，委托方提供原材料40 000元，支付加工费5 000元（不含增值税），雪茄烟消费税税率为25%，这批雪茄烟无同类产品市场价格。

要求：计算受托方应代收代缴的城市维护建设税。

22. 某公司销售一栋已经使用过的办公楼，取得收入 500 万元，办公楼原价 480 万元，已提折旧 300 万元。经房地产评估机构评估，该楼重置成本价为 800 万元，成新度折扣率为五成，销售时缴纳相关税费 30 万元。

要求：计算该公司销售该办公楼应缴纳的土地增值税。

23. ××年 3 月某房地产开发公司转让 5 年前购入的一块土地，取得转让收入 1 800 万元，该土地购进价 1 200 万元，取得土地使用权时缴纳相关税费 40 万元，转让该土地时缴纳相关税费 35 万元。

要求：计算该房地产开发公司转让土地应缴纳的土地增值税。

24. ××年某房地产开发公司销售一栋新建商品房，取得销售收入 7 000 万元，已知该公司支付与商品房相关的土地使用权费用及开发成本合计为 2 400 万元，该公司没有按房地产项目计算分摊银行借款利息，商品房所在地的省政府规定计征土地增值税时房地产开发费用扣除比例为 10%，销售商品房缴纳的有关税费 385 万元。

要求：计算该房地产开发公司销售商品房应缴纳的土地增值税。

六、综合题

1. 某公司主要从事建筑工程机械的生产制造，×× 年发生以下业务：

（1）签订一份钢材采购合同，采购金额 8 000 万元；签订一份以货换货合同，用库存的 3 000 万元 A 型钢材换取对方相同金额的 B 型钢材；签订一份销售合同，销售金额 15 000 万元。

（2）公司作为受托方签订甲、乙两份加工承揽合同。甲合同约定：由委托方提供主要材料（金额 300 万元），受托方只提供辅助材料（金额 20 万元），受托方另收取加工费 50 万元。乙合同约定：由受托方提供主要材料（金额 200 万元）并收取加工费 40 万元。

（3）公司作为受托方签订一份技术开发合同，合同约定：技术开发金额共计 1 000 万元，其中研究开发费用与报酬金额之比为 3∶1。

（4）公司作为承包方签订一份建筑安装工程承包合同，承包金额 300 万元，公司随后又将其中的 100 万元业务分包给另一单位，并签订相关合同。

（5）公司新增实收资本 2 000 万元、资本公积 500 万元。

（6）公司启用 10 本其他账簿。

要求：根据上述资料，分别计算该公司各项应缴纳的印花税。

2．甲企业为某市房地产企业，××年发生相关业务如下：

（1）开发项目支付土地价款 12 000 万元，缴纳契税 480 万元。

（2）开发成本为 7 000 万元，其中非银行机构借款利息支出 640 万元。

（3）销售面积占可售面积的 90%，根据销售合同确认不含税销售收入 36 000 万元（不包括用于安置回迁户占可售面积 10% 的房屋）。

（4）甲企业已经按照预征率的 3% 缴纳土地增值税 1 080 万元。甲企业委托某税务师事务所进行土地增值税清算鉴证，并出具鉴证报告。

假定当地政府规定房地产开发费用扣除比例为 10%，不考虑地方教育附加。

要求：

（1）计算甲公司取得土地使用权所支付的金额。

（2）计算土地增值税的开发成本。

（3）计算甲公司应补缴的土地增值税。